マーチャンのあしあと

1

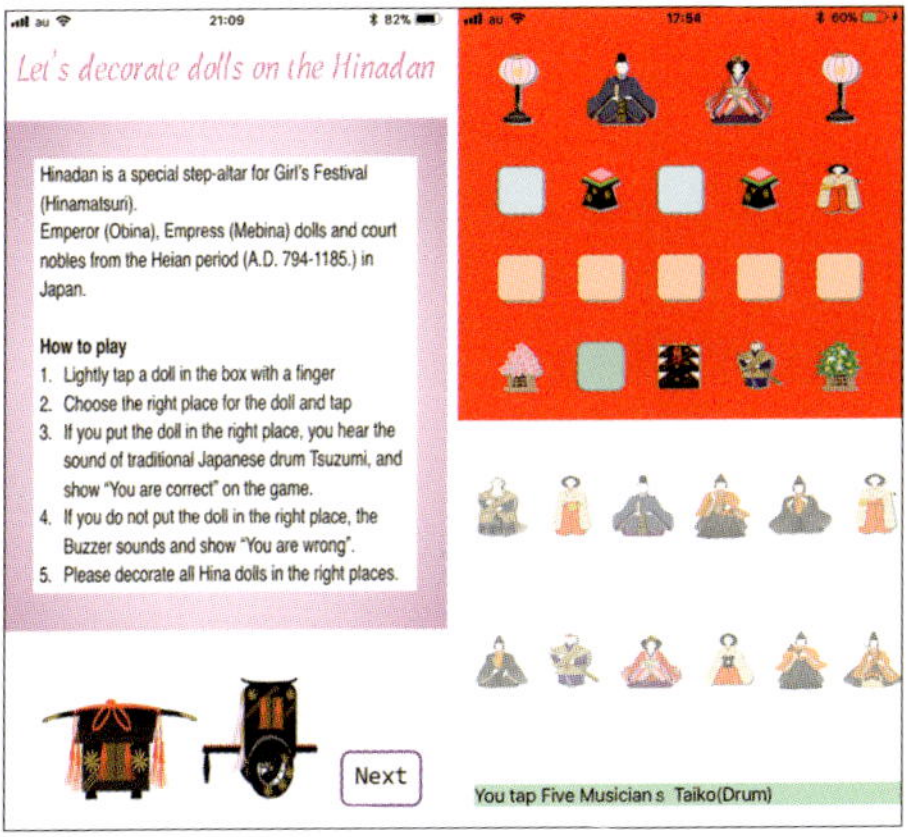

▲81歳のとき、シニアが楽しめるゲームをと思い立ち、iPhoneアプリのhinadan（ひな壇）を開発

▲2018年、国連・社会開発委員会で基調講演

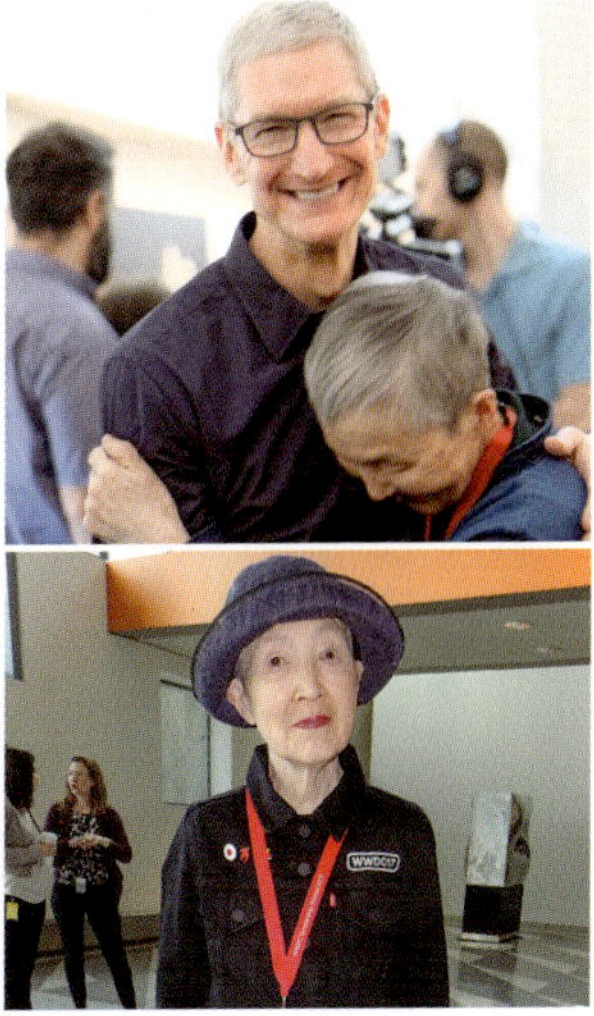

▲米国アップル社が開催する開発者向けの会議WWDC2017の基調講演で、クックCEOに紹介される

▲戦争中、東京の自宅で

◀３歳頃、兄の学帽を被せられて

▲20代後半

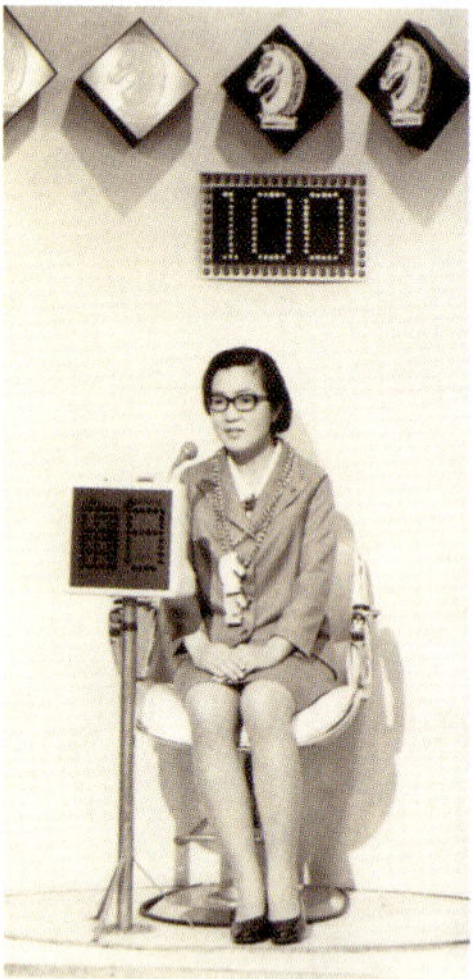

◀ベルトクイズＱ＆Ｑ（職場対抗　全日空VS三菱銀行）

▲旧東ドイツのドレスデンでの、リバークルーズで

◀テムズ川の川下りボートツアーで友達になったジョージと

◀母97歳。100歳まで自宅で介護

▼定年前に、当時はまだ一般家庭に普及していなかったパソコンを購入

▼自宅でシニア向けのパソコン教室を開催

▲インターネット上の老人クラブ「メロウ倶楽部」の勉強会で講師を務める

◀電子工作を楽しむ。ハンダ付けをしているところ

▼エストニアでエクセルアートのワークショップを開催。できあがった作品を持った子どもたちと

老いてこそデジタルを。

若宮正子

1万年堂出版

はじめに

大きな台風のあと、1軒1軒、形も被害状況も異なるお宅を見て回り、雨漏りなどの修理をしてさしあげる――。こんな作業をやってくださるのは、ベテランの大工さんだけです。ロボットにも、「体力なら任しとけ」とお元気な体育会系の若者にも、できることではありません。

電子レンジも、ＩＨ調理器も、クックパッドもなかった時代に育った私たちは、停電にも、断水にも耐えて生きる知恵を持っています。

将来、こういう「アナログの名人」の作業を、コンピューターに教えるためにも、「ベテラン」の存在が大切です。アナログ時代を生きてきた、私たちシニアの存在は、そんな大きな意味を持っているのです。

そういう熟年世代が「デジタル」のスキルを身につければ、まさに「鬼に金棒」です。

私たちは、デジタルの世界を知らないで旅立っていかれた大先輩たちよりも恵まれています。両方とも知っている複眼のシニアの出番は、この世界に数限りなくあります。そのデジタルとのおつきあいに、少しでもお役に立てればと、この本を書かせていただくことにしました。

どれか一つでもお役に立ちましたら幸いです。

「だって、もう私はトシですからムリムリ」っておっしゃらないでください。

70代、80代は伸び盛りです。まだまだいけます。

パソコンという、当時は高価であったシロモノを衝動買いしてしまった私ですが、このたった1台のパソコンは、80歳を過ぎてからの私に、こんなに素晴らしい老後を与えてくれました。
皆様も、ぜひ、トライしてごらんになってください。

若宮　正子

老いてこそデジタルを。◉もくじ

1章 デジタルはシニアの大きな味方　21

3章

シニアのための安心スマホ教室

5章 デジタルを活用して豊かに生きる

1
章

デジタルはシニアの大きな味方

01

デジタルって何？

「私はアナログ人間だから」と言われる方があります。

「アナログ」と、この本のテーマである「デジタル」の違いって何でしょう。

時計売り場に行きますと、「卓上時計にはアナログ式とデジタル式とがありますが、どちらをご希望ですか」なんて聞かれることがありますね。

見せてもらった2つの時計、見比べてください。

そうなのです。短針・長針の付いている「アナログ時計」では、2本の針の位置関係から「およその時刻」を読み取ります。一方、「デジタル時計」では「14：12」などと数字で時刻を表しています。ですから時刻を知るためには、この数字を見ればいいのです。

アナログ時代には「体重は50キログラム強」なんていう表現がありましたが、デジタルでは「50・3キログラム」と数字がきっちり表示されます。「量《はか》り」もそうですし、「体温計」も同じですね。

デジタル化とは、いろいろな物や現象などを、数値で表すこと（数字に置き換えること）です。別な言い方をしますと、「微妙な空間」や「空気」を読むのと違い、味も素《そ》っけもない世界です。

現在は、カメラはスマートフォン（スマホ）の中の道具の一つになっていますが、こちらも、もちろんデジタルのカメラです。デジタルカメラは写真を数字で表した「設計図」。美しい写真も、思いっきり拡大して見ると、四角形の集合なのです。

「じゃ、マーチャン、デジタル化すると何かいいことがあるの？」

という声が聞こえてきましたね。

はい、あります。わが家にも明治時代に撮影したと思われる父や母の写真が、わずかですが残っております。すでにセピア色になっていて、紙も傷《いた》んでいます。貴重な写真ですから、残したいと思い、私は、パソコンを買って何年か経ったあと、こういう「わが家の文化財」をデジタル化しました。

デジタル写真は設計図なのですから、１００年後に印刷しても、当時の美しさを再現してくれるはずです。

ところで「デジタル機器」という言葉もよく聞きますが、こちらについても考えてみましょう。

簡単にいいますと、コンピューターの技術を使った機器、または音声、写真、映像などを「デジタル化」するための道具です。といいましても、皆さんのお宅でお使いの、ほとんどの家電、エアコン、おふろ、洗濯機も、程度の差こそあれ、何らかの形でコンピューターの機能を使っています。

ですから、「デジタル機器」といった場合には、コンピューターが「主役」として働いている機械、道具のこと、と理解していただければいいと思います。

02

あなたの
ライフスタイルに合わせて
デジタルの道具を
選んでみましょう

では、コンピューターが主役のデジタル機器には、どんな物があるのでしょうか。

まず総合的にどんなことにでも使えるのがパソコンです。といってもパソコンからは電話はかけられません。カメラもついてはいますが、スナップ写真なんかを撮るのは得意ではありません。でもお仕事のためには必需品です。本格的なプログラミングをしたいなんていう方も、パソコンをお持ちになったほうがいいでしょう。

スマートフォン（スマホ）も、パソコンと同じくコンピューターです。携帯電話（ガラケー）の一種ではありません。パソコンができるもろもろのことは、ひととおりできますし、セキュリティ面の問題があることもパソコンと同じです。早くいえば「外出用小型パソコン」です。ですから外出の際に必要

なもの、外出先での無聊《ぶりょう》を慰《なぐさ》めるのに役立つものが、たくさん入っています。例えば「歩数計」「地図ソフト」「乗換案内」「ゲームアプリ」などです。

また、タブレットパソコンというのがあります。パソコンとスマホとの中間的存在でしょうか。パソコンよりやや小さく、スマホのように指で画面を触って操作するのが一般的です。そのため楽器アプリなどを楽しむのに向いています。電話はかけられません。

以上が、家庭用の汎用的なコンピューターです。

このほか、機能を絞ったデジタル機器もいろいろ出てきています。AIスピーカーもあります。ウェアラブル端末もあります。

ウェアラブル端末は、腕時計のようなリストバンド

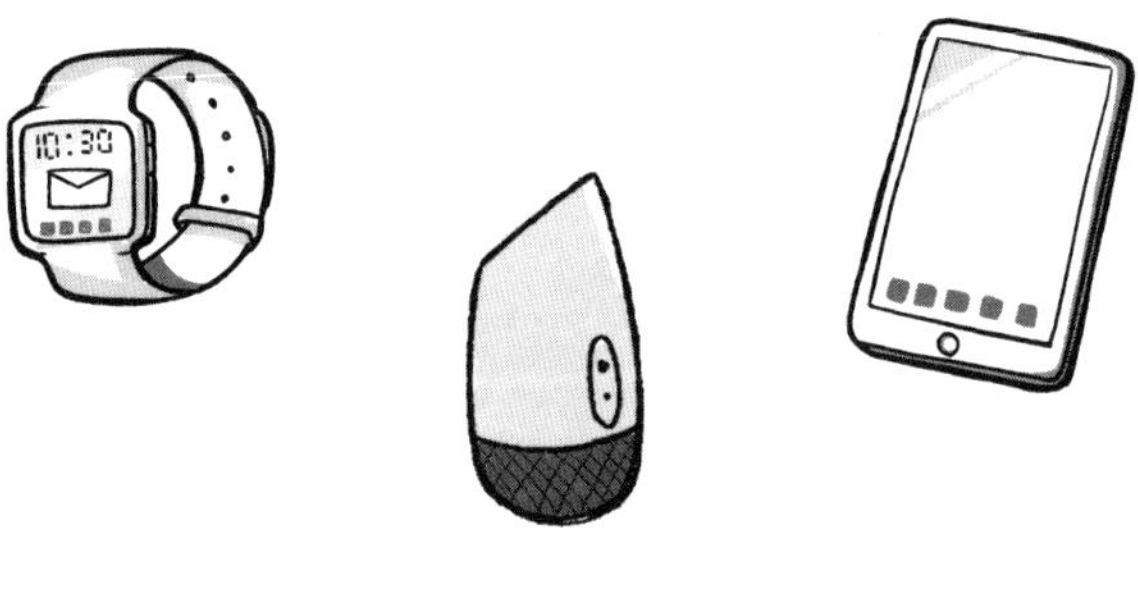

や眼鏡などの、身につけるタイプのコンピューターです。巻末の付録でもご紹介します。おそらく近い将来、ウェアラブルは身近な物になってくると思います。

では、そのようなさまざまなデジタルの道具がある中で、どれを選べばいいのでしょう。私は、それは皆さんの生活環境や、ライフスタイルによって、決めるのがいいと思っています。

例えば、買い物以外の外出は基本的に週に（月に）一度、病院に行くだけ、という方なら、スマホなんていらないですよね。でも、何らかの事情で電話がいるのなら、ガラケー（携帯電話）でいいと思います。

小さな文字が見えにくい、写真や動画を見たい、ということならスマホより、画面が大きなタブレットやパソコンのほうがいいと思います。

寝たきりに近く、体をあまり動かすことができない方でしたら、家電を声で操作できるＡＩスピーカーがあると便利ですよね。今は特に体に不都合ない方でも、音質のいいAIスピーカーで音楽を楽しむ、という使い方もあると思います。

そんな便利な物があるなら使ってみたいけれど、目がよく見えないから、耳が悪いから、という理由で躊躇《ちゅうちょ》する方もあるでしょう。でも、パソコンにもスマホやタブレットにも、目や耳が不自由な方も使いやすくするための仕掛けが、いろいろあります。またデジタル機器で、目も耳も、補完できる道具が出てきていますので、悲観しないでいただきたいのです。専門医に相談すれば、生活弱者にならずに、もっと楽に、快適に暮らせる方法がありますよ。五感の機能をサポートする道具については、巻末の付録でご紹介します。

タブレットやAIスピーカーを使うためには、お宅にインターネット環境が整っている必要があります。そのことについては、次の2章から書きたいと思います。

03

時代はITからICTへ。
大切になるのは
「C」のコミュニケーション

ＩＴはinformation technology（情報技術）のことですが、ＩＣＴとはinformation and communication(s) technology（情報通信技術）のことです。

私たちにとって、インターネットは、もはや、なくてはならないものです。善《よ》きにつけあしきにつけ、「通信」を無視することはできません。

スマホなどは、ネットにつながれていないと、存在理由がなくなります。今や、何億というお金が動く商談も、彼からのデートの場所の連絡も、すべてネットでやり取りされています。

私がパソコンを購入したのは、58歳のとき。もう20年以上も前のことです。

定年後は、自宅で母の介護をすることが決まっていました。退職して家で介護

するとなると、外出もなかなか難しく、社会とのつながりがぐんと減ってしまいます。おしゃべりとお出掛けが大好きな私にとって、これは死活問題です。でも、パソコンを買ったおかげで、家にいながらにして、たくさんのよき友人と出会い、多くの情報を得ることができました。

日本だけでなく、世界とつながることができるインターネットは、間違いなく私の生活を、豊かなものにしてくれました。それは、自由に羽ばたける翼を手に入れたような感覚でした。

そんな経験から、私は高齢者のICTリテラシー（パソコンやインターネットに対応する力）が、シニアライフを有意義に送るためにも、孤立を避けるためにも、大切だと思うようになりました。

初めは自宅でシニア向けにパソコン教室を開いていました。ここ数年は休止中ですが、その代わり、日本だけでなく、世界各地で講演したり、ときには教壇に立ったりして、ＩＣＴのエバンジェリストとして啓蒙《けいもう》活動をしています。

エバンジェリストとは、本来「伝道師」という意味ですから、熱心にあちこちでＩＣＴの効用を説いて回っている私に、ピッタリの肩書きです。

ＩＣＴを、もっとシニアに宣伝しなくちゃいけません。そうすることが、シニアの自立につながりますし、１００歳時代の人生をエンジョイするためにも、必要なことだと思っています。

04

世の中の進歩に
追いつく苦労は、
親世代も一緒でした

スマホなどのデジタル機器は、若い人たちにとっては当たり前の物です。しかし、私たちシニアはアナログの時代に暮らしてきましたので、「デジタル」というと、全然違った世界を受け入れる感覚なのです。

もう少し遡《さかのぼ》って、私たちの親の世代はどうだったでしょう。

戦前から、工場などの機械化は、かなり進んでいました。戦後も、生産機器はどんどん進歩していき、1950年代には「三種の神器」と称する家電製品が家庭に入ってきました。最初は洗濯機・冷蔵庫・テレビなどの操作は、若夫婦に任せていたようですが、だんだんと若者の留守中に「好きな番組を見るため」、ジジババもチャンネルやリモコンを操れるようになってきました。

1970年代になると、窓口の機械化が始まります。それまでは、駅の出札口で駅員さんから切符を買い、改札でハサミを入れてもらっていたのが、券売機で機械を操作するのは「お客さん」のほうの仕事に。そのうちに、自動改札でカードをかざして通過するだけで、乗り物に乗れるようになりました。

銀行でも、現金の引き出しや振り込みなどは、ATMで「お客さん」が自分で操作しないと目的が達せられなくなりました。

1905年生まれで、2005年に亡くなった母も、この新しい時代に適応するのに、しばらくは大変だったようです。最初は、「自動改札を全速力で走り抜けた」とか、ATMの前で順番を待っているときは、「自分の番がだんだん近づいてくると、ハラハラドキドキした」と言っておりました。もし操作を間違えて、機械が壊れて後ろに並んでいる人たちに迷惑をかけたらどうしよう、と思ったのでしょうね。しかし、数年後には、ジジババも、当然のように自動改札を通り、ATMで手続きをするようになりました。

いつの時代でも、世の中の進歩に追いつくために、苦労するのはシニアなのですね。

そもそもこんなことは産業革命以来、洋の東西を問わず経験してきたことで、「黒船」も「陸《おか》蒸気」（蒸気機関車の俗称）も、当時の人たちには「オドロキ」

だったことでしょう。ただ、このところ変化のテンポが速すぎるのですが。

ところで、毎日のように耳にタコができるほど聞かされ、そのたびに高齢者が、申し訳なく思い、小さくなっていざるをえない「少子高齢化」という単語。

私たちが子どもの頃は「人に働いてもらうのにお金がかかる」という意識がありありませんでした。「食べさせてやれば十分」という考えです。ですから見習い店員さん（当時は小僧さんと呼ばれていました）も、お手伝いさん（当時は女中さんと呼ばれていました）も、盆暮れに着る物をもらう程度で、ほぼ無給で働いていたわけです。

でも、今は違います。とにかく人手が足りないのです。

先日も、老舗《しにせ》の洋食のお店で「席は空いているのに待たされる」という現象が起きました。明らかにフロアー担当の人数が足りていないのです。サービス係のオネエサンは汗をかきながら走り回っていました。

そういう時代に少しでも役立つことは何か、と聞かれれば、まず第一は、高齢者が「人手不足時代」という現状を理解することです。そのために、われわれシニアが、今、若い人たちのためにしてあげられることの一つが、「ITリテラシーを高めること」だと思うのです。

粗大ごみの回収依頼も、図書館の本の予約も、ネットでやれば、それだけ「人手不足対策」に貢献できます。

町内自治会などでも、回覧板をやめてメールにしたいのだが、あと1人がメールを受け取れないものだから、やむを得ず紙に印刷して出さなければならない、ということをときどき聞きます。

その「あと1人」にならないように、皆さん、ご一緒に頑張りましょう。

05

「何でも慣れるしかない」と明るく割り切って

今どきの若者に比べると、国語力だけは年寄りのほうが上。『平家物語』でも「漢詩」でも、暗記しているというのがシニア世代です。でも、一つだけ苦手があります。それは、「マニュアルなどを読みながら、手順を追って作業をする」という仕事です。いわゆる「実用国語」。これが苦手なのです。

特に、「顔の見えない、どこの誰だか分からない相手の、音声や活字の指示に従って、そのとおりに手を動かす」という動作に慣れていないのですね。

しかし、当節、何もパソコンやスマホでなくても、カメラ、時計、炊飯器など、すべての道具に「ご利用の手引き」「最初にお読みください」と書かれた小冊子や紙切れがついてきます。これが今後、本格的に、身の回りのあらゆる物がインターネットにつながるＩｏＴ《アイオーティー》（Internet of Things）の時代になると、どんな道具にも「手順書」がついてくるようになります。

確かに、パソコンが出回り始めた頃のトリセツ（取扱説明書）の日本語は、分かりにくいものでした。でも昨今は、だいぶ進歩して、図入りで丁寧に説明してあったり、中には動画で説明してあったりするものもあります。これなら、図や動画のとおりにまねすればいいだけですので、できそうですね。それでも「最初の設定がおっくうで」というお年寄りが多いのです。

さらに、シニアにとって面倒なものとしては、銀行や郵便局のATM、列車の指定券購入用の券売機、コンビニの店内端末などでしょうか。機械の前で、あちらの指示に従って、一つ一つボタンを押していかなくてはなりません。

電話受付も、今や、自動音声でしか相手をしてくれません。

居酒屋や回転寿司などでは、テーブルの上の「タブレット端末」から料理の注文をするところが増えています。

人手不足の時代、これからはますます店員さんが減って、減った分は機械に置き換えられるようになるでしょう。

「昔はよかった」と言っていても、しかたありません。

シニアの私たちも「もう慣れるしかない」と明るく割り切ってしまいましょう。

06

なぜ、若者は簡単にデジタルを使いこなせるの？

今の子どもは、生まれたときからデジタル機器が周りにあります。泣けばお母さんがスマホアプリで遊ばせてくれて、お昼寝用アプリなどを子守歌にして育っています。ですからデジタル機器は、懐かしいおもちゃになるのでしょう。

一方、私たち高齢者は、人生のある時期から、デジモノ（デジタルグッズ）という不可思議な物体とつきあわされることになったわけです。

１９７０年代、ぼつぼつあちこちの会社などで見かけるようになった「コンピューター様」は、「関係者以外立ち入り禁止」という札がかかったオフィスの一室を占領していました。入室を許されても「スリッパに履き替えろ」と言われたり、コンピュータールームには重役室より先に冷房が入っていたり……。とにかく重役さんよりも偉い、近寄りがたい存在でした。ですから、初めて手にしたスマホを「おっかなびっくり」扱うのは、当然なのです。

（今の40～50代の人たちは、アナログからデジタルへ一生懸命対応してきた、「中継ぎ世代」といえると思います）

「デジタル機器を扱う」というのは、新しい言語を学ぶのと似た側面があります。大げさにいえば、デジタルに対応するのは新しく外国語を学習するような感覚です。若者たちは、「デジタルネイティブ」の人といえます。そんなデジタルを母国語として育った人と、私たちと、大きな差があって当然です。息子さんやお孫さんのように使いこなせないのは、あなたの頭が悪いからでも、認知症になったからでもないのです。

ただ、外国語の学習も、デジタル機器の学習も、脳の活性化にはいちばん効く「薬」。認知症予防に役立つ、と思えば、ネガティブな先入観を捨てて、一歩を踏み出せるのではないでしょうか。

つきあってみれば、案外、デジモノのいい面も分かってきます。カレらは「面倒くさいからやらない」とか「手抜きをする」ということはしませんし、「嫌味」や「当てこすり」など、あなたを不愉快にするようなことは絶対に言いません。考えようによっては、つきあいやすい相手かもしれません。

アプリって何？

アプリは「アプリケーション」の略で、スマホやパソコンを使ううえで必要なソフトウエアです。パソコンもスマホも、まず外箱があり、その中にバッテリーなどの目に見える物（ハードウエア）が入っていますが、それとは別に、目には見えないけれど大事なものが入っています。

目に見えないものの中で、いちばん大事な屋台骨のようなものを、「基本ソフト」といいます。「アンドロイド」「アイ・オー・エス」「ウインドウズ」などという言葉を耳にされたことはないでしょうか。「あなたのスマホは何？」「あなたのパソコンは何？」と聞かれるのは、この基本ソフトのことです。

基本ソフト以外にも、たくさんソフトがあります。それらを、スマホでは「アプリ」と呼んでいます。

ソフトやアプリの中でも、誰もが使うものは買ったときからスマホやパソコンに入っています。それ以外は入手する必要がありますが、無料のものも有料のものもあります。また、「実用的」なものと「遊び的」なものがあります。

「実用的」なアプリとしては【ｒａｄｉｋｏ（ラジオを聴くためのアプリ）】や【乗換案内】などでしょうか。

「遊び的」なものは、シニア向けは少ないのですが、【漢字クロスワード】【昭和歌謡曲懐メロクイズ】などが楽しめます。私が作った【ｈｉｎａｄａｎ（ひな壇）】というゲームもアプリの一つです。

大事なことは「売れ筋アプリ」や「オススメアプリ」に飛びつかないことです。まずは、あなたの好きな、例えば「高山植物」「俳句」「ビリヤード」などに関係のあるアプリを楽しむことから始めてごらんになってはいかがでしょうか。

07

これからは、「マニュアル」なんて必要なくなる！

「機械のことは分からない」と敬遠している方もあると思いますが、私たちは、すでにデジタル機器に囲まれて生きています。

従来からある、パソコンやスマホのようなデジタル機器を使うには、先ほども書いたように、説明書を丹念に読んだり、人から説明を受けたりする必要がありますので、私たちのようなおじいさん、おばあさんが初めて取り組むとなると、やはり「難しい」と感じる方も多いでしょう。

最近、体験してみて「これぞ画期的！」と感動した物がありました。それは、ＡＩスピーカーです。

今後、身の回りのあらゆるモノと、インターネットがつながるようになると、ＡＩスピーカーのような道具が当たり前になります。うれしいことに、ＡＩは「人工知能」ですから、言葉が通じるのです。

簡単な例でいえば、リビングの電気をつけたいとき、人に頼む場合、あなたならどう言いますか？

「明かりをつけて」と言ったり、「電気つけて」と言ったり、「オンにして」と言ったり。いろいろな言い方があると思いますが、AIはどんな言い方をしても、だいたい分かってくれます。ですから、操作手順を覚える必要がないのです。「これはすごいなー」と思いましたね。

「おじいちゃんの方言はさすがに通じないわよね？」と思われるでしょうが、よく使う方言を、あらかじめ登録しておけばいいのです。

「間違ったらどうしよう」「通じなかったらどうしよう」なんて心配しないで大丈夫です。AIは「スミマセン。オヤクニタテマセン」と答えるだけです。

そうはいっても、初期設定とか、リセットする（初期の状態に戻す）となると、手に負えないこともあると思います。息子さんとか、お嫁さんに頼れる方はいいですが、そういう方ばかりではありません。

今、私が政府に提案しているのは、デジタル機器の操作に困ったときは、地域包括センターなどに頼めば、養成された支援員を派遣してくれる、という制度です。すでに支援員を育成する活動は、総務省や消費者団体、企業によって、進められています。

08

シニアがデジタルに対応することは、社会の底支えになります

われわれの世代がもっとデジタルを使えるようになれば、国としても、社会としても助かるのです。

例えば、「避難準備情報」です。

スマホやガラケー（携帯電話）が突然大きな音で鳴りだす。何事かと見ると、近くの川の氾濫の危険を知らせる情報。行政から自動で発信されるのですね。もし、スマホやガラケーを持っていなかったり、持っていても充電されていなかったりすると、役に立ちません。そのような緊急速報は、テレビ、ラジオ、メールのように「見たいときに見る、聴きたいときに聴く」というものではありません。

一方的に知らせてくるのです。残念ながら、一般的には固定電話は対応していません。

広報車も出ますが、警報が出ているときは、屋外もうるさくて、アナウンスがなかなか聞き取れないことが多いのです。緊急を要するときに、1軒1軒、「若宮さん、大丈夫ですか」と言って回ってなんていられません。

また、人里にクマが出没したときに、早く避難命令を受け取ってほしい人が緊急速報のメールを受け取れない、ということがあります。

お金の話でいえば、中国をはじめ、多くの国では、支払いがみんなQRコードになって、スマホが使えないシニアが取り残されてしまっています。物々交換しかできなくなっている、という笑えない問題も起きているのです。日本だって「キャッシュレス社会」へ向かって動き始めています。

ですから、ご自身の身を守るためにも、社会の底支えをするためにも、シニアには、大いにデジタルを活用していただきたいと思っています。

マーチャンの豆知識

❖ＱＲコードって何？

下の画像のような四角い形をごらんになったことはないでしょうか？　これがＱＲコードです。商品パッケージや広告、最近ではニュース番組の画面でも見かけるようになりました。

ＱＲコードが出たついでに、バーコードというのもありますね。どちらも小さな場所にたくさんの情報が詰まっています。スマホのカメラでＱＲコードを読み取ると、情報が掲載されたホームページが見られたり、決済ができたりします。お買い物などで代金を支払うときの「電子マネー決済」は急速に広まっていますが、ここでもＱＲコードが活躍しています。

▲QRコード。読み取ると、マーチャンのページを見ることができます

また、飛行機に乗るときに必要な「e－チケット」もそうですね。空港でコードを機械に読み込ませるだけで、搭乗手続きが済んでしまいます。

練習として、前ページのQRコードを読み取ってみてください。マーチャンのページが見られたら、成功です。あなたも簡単に、自分用のQRコードが作れますよ。

ちなみに、世界中でこんなに活躍しているQRコード、実は「メイド・イン・ジャパン」なのです。デンソーウェーブ（当時はデンソー）という、自動車部品工業の会社で、作業員さんから「バーコードより多くの情報を盛り込めるコードを作ってほしい」という要望が出たので開発したと伺っています。

当時は、まさか、あらゆるところでお目にかかることになるなんて、思ってもみなかったでしょうね。

2
章

インターネットにつながるといいこと

01

家族や誰かとつながることが危機管理になります

インターネットを使うと、いろいろなことができます。まずは、ネットサーフィンでしょうか。「検索欄」に、お料理でも園芸でも、お好きな言葉を入力して調べものをする、という使い方です。それ以外にも、インターネットは、あなたのパソコンやスマホのために、いろいろな仕事をしてくれています。その中の一つに「メール」があります。

インターネットは遠く海外とつながることもできる「翼」でもありますが、まずは、お隣の人や家族とつながることから始めてみてはいかがでしょうか。

「そんな面倒なものを使わなくても、電話をかければ済むじゃない」という疑問も当然あるでしょう。でもねぇ、例えば近所の人と連絡を取りたいとき、赤ちゃんがいる、おじいちゃんの介護をしているなど、それぞれの家の事情があります。夕食の時間は避けなくちゃ、などと気を遣います。ですが、メールなら遠慮はいらないですよね。私は「明日、留守にします」というときにも、お隣にメールでお知らせしています。

よく知っている親しい方とですと、メール以外にもＬＩＮＥ（ライン）やＭｅｓｓｅｎｇｅｒ（メッセンジャー）でつながることもできます。いちばんよく使われているＬＩＮＥにつきましては62ページ「マーチャンの豆知識」、112ページからの「ＬＩＮＥの便利な活用法」でお話しします。

いつも家族とつながっていれば、オレオレ詐欺にも引っかからないと思うのです。ふだんからやり取りしていれば、携帯番号を変えたなら当然、家族には知らせるはずです。〝風邪を引いた声〟の男性に「電話番号が変わった」と言われたら、「これは

おかしいな」と気づくでしょう。風邪を引いたからといって、息子さんの声が〝他人の声〟に変わったりはしません。〝息子さんの声が風邪声になる〟だけです。

また、あなたが住んでいる地域で災害が起こったとき、家族は真っ先に「おじいちゃん（おばあちゃん）、大丈夫かな？」と心配します。そんなときに、ＬＩＮＥなどで「無事です」「体育館に避難しています」と一報をもらえれば、家族はどれだけ安心するでしょう。

逆に、家族から安否確認のためにＬＩＮＥが送られてきたとき、すぐに返信ができなくても、開くだけで「既読」になりますから、「ああ、おばあちゃん無事みたい」とひとまずホッとすると思いますよ。

うちの場合は、兄も独り暮らしなのですが、兄は私と同じインターネットの老人クラブにまめに書き込みをしています。投稿された日付を見れば、「5日の20時10分には生きていたんだな」と分かりますよね。それで、お互いの安否確認をしています。

❖ＬＩＮＥって何？

ＬＩＮＥは、インターネット上の「茶の間」のようなものです。本物の茶の間と違って、離れて住む家族もおしゃべりの仲間に入れるのです。家族以外の気心の知れた親しい友達とご一緒することもできます。インターネットを使った電話を無料でかけることもできます。

メールはどちらかというと、「1対1」向きなのですが、ＬＩＮＥは小さなグループ向きです。文字だけでなく、写真や動画、絵やスタンプなども送れます。海外にいる子どもや孫とＬＩＮＥでやり取りするようになって、お互いの状況がよく分かるようになった、という声も聞きます。

趣味の仲間でグループを作れば、複数の人たちとメッセージのやり取りができます。写真の送受信も可能ですので、グループＬＩＮＥに送れば仲間と共有することもできますよ。

メディアでは、「ＬＩＮＥを使っていてトラブルに巻き込まれた」というニュースがときどき登場しますが、よく知っている方とだけつながって、この本の３～４章を読んで実行していただければ、まずは大丈夫です。

ＬＩＮＥは２０１１年６月、東日本大震災をきっかけにできました。ということは、災害対策にとても役立つ道具ということですね。被災地の情報はテレビでも詳しく教えてくれます。でも「駅前通りは冠水していて通れない」とか「○○コンビニに、まだお茶のペットボトルありましたよ」というような地域限定の情報を教えてくれるのは、ＬＩＮＥまたはＴｗｉｔｔｅｒ（ツイッター）のような道具です。

02

インターネット上の老人クラブは20年前からアクティブに活動しています

私はこの20年間、「メロウ倶楽部」というインターネットの交流サイトに育てられました。ここは、インターネット上の自主運営の老人クラブ。兄が書き込みをしているのも、このサイトです。会員さんは、北は北海道から南は鹿児島まで、さらにはアメリカ、フィリピン、台湾など海外にもいらっしゃって、その中にはまだ一度も会ったことのない方もたくさんあります。

メロウ倶楽部は高齢者の集まりですから、車椅子生活で外出が難しい方や、自分が動けてもご家族を介護していらっしゃる方もあります。ですから、家から一歩も出なくても倶楽部のサービスが全部楽しめる、ということが基本になっています。

メロウ倶楽部には、いろいろな「会議室」があります。

昔、フランスに「サロン」というものがあって、文化人や小説家、画家、音楽家などが貴族のサロンに集まって、知的な会話を交わしていました。そのようなサロンを、インターネット上に再現したのが、この会議室です。

俳句の部屋、植物大好き人間の部屋や、写真の部屋もあります。そして、「生と老」という部屋もあります。

私たちハイシニアは、近い将来、体力が衰えて、病気になって死ぬ、という予定の上で暮らしています。人間いかに生老病死と対峙《たいじ》していくか。こういうことについて語り合うのは、やはりここだと思っています。「これが最後の投稿になるかも」「長い間、つきあってくれてありがとう」と言って、去っていかれた方もありました。このような交流が、人生100歳時代を生き抜くための「つながる力」を強くしてくれるはずです。

これらはすべてインターネット上ですが、ときには直接会う機会も設けています。オフ会と称して、地域の未知の親友と集まって勉強会をしたり、居酒屋で懇親会をやったり、お散歩会などもしています。年に一度は全国大会も開催しています。

03

待ち合わせで、迷子になる悲劇が起きないために

待ち合わせをするとき、息子さんやお孫さんなど、デジタル人間の人たちは、相手が当然スマホか携帯電話を持っているという前提で、大ざっぱに「新宿駅に5時ね。着いたら電話して」と言います。到着して電話すると、「今そこから何が見える?」と聞かれ、「うーん、〇〇コーヒー店が見える」と答えると、「じゃ、〇〇そこで待ってて。動かないでね」と言って迎えに来てくれる。

こんな感じですから、スマホも携帯も持っていないとなると、相手はあなたがどこにいるのか探しようがありません。昔あったような「駅の呼び出しサービス」や「伝言板」はなくなりました。ですから出掛けるときは、どこにいても連絡が取れるように、スマホか携帯を忘れずに。そうすれば、迷子になる悲劇は避

けられると思います。もちろん、ちゃんと充電しておいてくださいね。

スマホには、「位置情報」をオン（有効）にすると、自分が今どこにいるのか、地図で知ることができる機能があります。また、LINE（ライン）やFacebook（フェイスブック）の機能を使えば、自分の位置情報を相手に知らせることもできます。緊急時や災害時にも使えますので、知っておくといいと思います。

この技術は、介護している家族が徘徊する心配があるとき、位置情報が分かるセンサーを靴に装着しておく、という使い方にも応用されています。

ただし、自分で撮った写真をインターネット上に投稿するときには、位置情報を「オフ」にしておいたほうがいいでしょう。位置情報が、家族や友人以外の誰でも分かるようになってしまうと、自宅などが特定されてしまい、犯罪に巻き込まれる可能性があるからです。

詳しくは、3章の「シニアのための安心スマホ教室」をごらんください。

04

おばあちゃんも
ネットを駆使！
電子国家・エストニアに見る
日本の未来図

世界に先駆けて電子政府を作り上げてしまった国。それが北ヨーロッパに位置するバルト三国の一つ、エストニア共和国です。ＩＤカードさえあれば、確定申告、住民登録、年金や各種手当の申請、自動車の登録手続き、国民健康保険の手続き、運転免許の申請と更新、選挙はもちろん、銀行口座の開設、病院の診療履歴へのアクセスといった民間サービスの利用もできます。

私がこの国に注目し、実際に行ってみたのは、行政のすべての手続きが電子化された国で、高齢者がデジタルサービスをどう受け止めているのか、ということを知りたかったからです。果たして心から歓迎しているのか、しぶしぶ利用しているか……。

今年の6月、エストニアに飛んで、アンケートを実施しました。

その結果、「あなたは電子政府を利用していますか?」という質問に対して、回答者の87パーセントが利用していることが分かりました。また、利用者の95パーセントが「自分の暮らしに役立っている」と答えていました。ほかにも「どのようにしてＩＴ学習をしましたか？」という質問にも答えていただきました。

な、なんと、一番多いのが「独習した」という答えだったのです。

最後にアンケートに協力してくださった方に、日本のシニアへのメッセージも書いていただきました。

「デジタルサービスの使用はそれほど難しくないので、心配する必要はありません。あなたの人生がずっと楽になります」

「誰もがデジタルサービスを利用することをお勧めします。予想していたより簡単でしたよ」

「電子の世界は人生を楽にします！」

「一度試してみて。きっと好きになるでしょう」

「早くやりなさいよ」

などなどです。

——元気なシニアたちの明るい笑顔が目に浮かぶようですね。

電子政府についての高齢者の意識調査（中間報告）

対象	60歳以上。回答者75名（9月末時点）
調査方法	英語、エストニア語 Online アンケート方式
時期	2019年7～9月

質問1　政府の「電子サービス」を使っていますか？

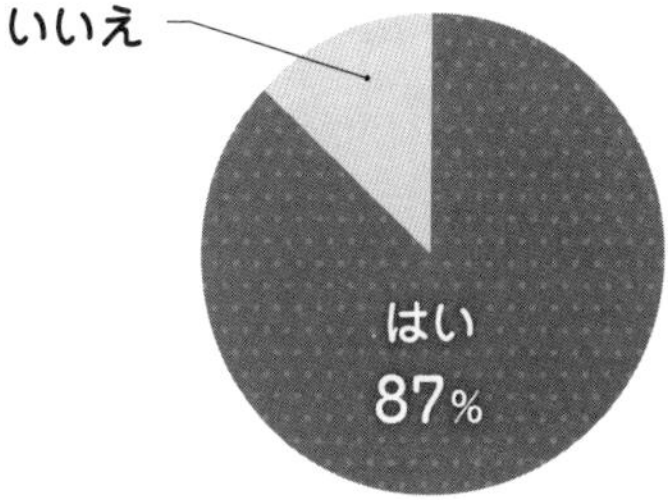

質問2　政府の「電子サービス」はあなたの暮らしに役立っていますか？

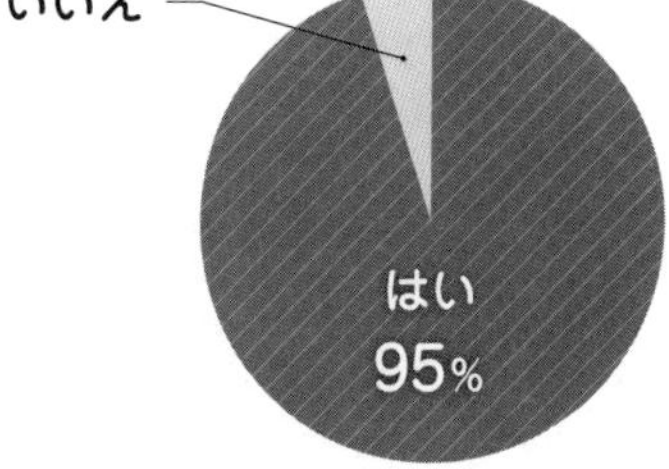

質問3　あなたは、どのようにしてIT学習をしましたか？

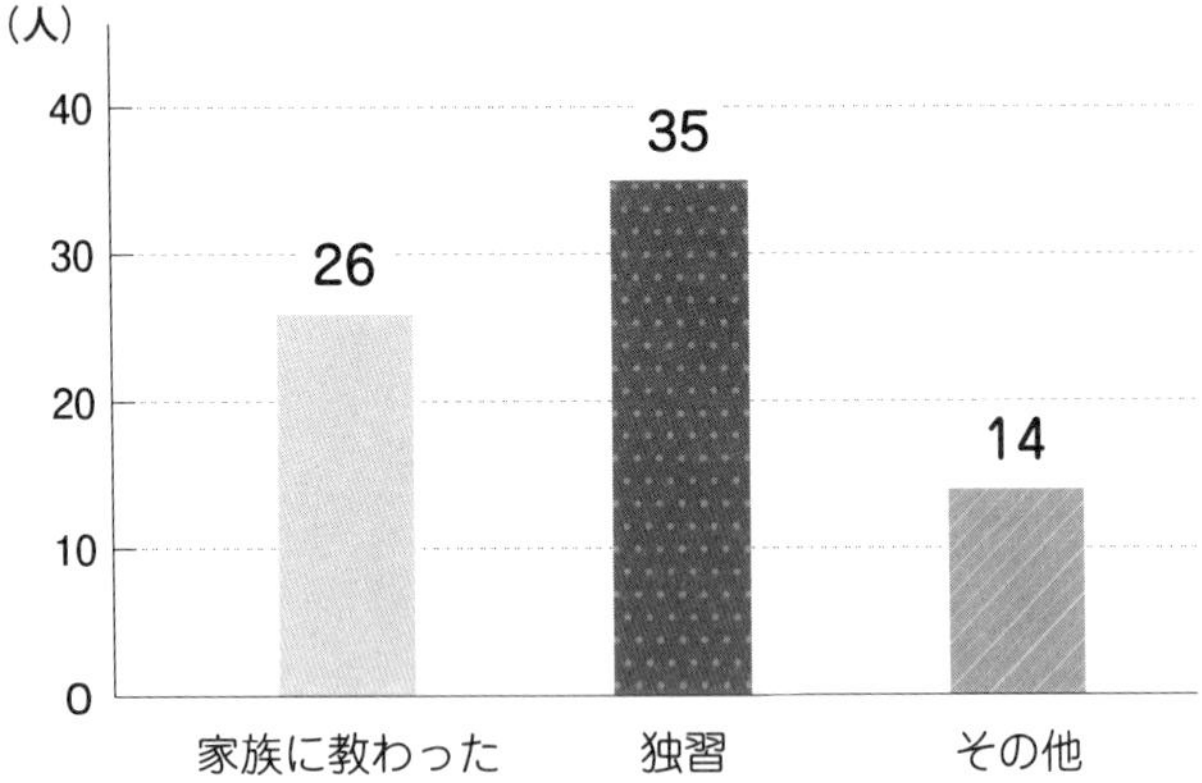

質問4　あなたは「カード払い」と「現金払い」のどちらが好きですか？

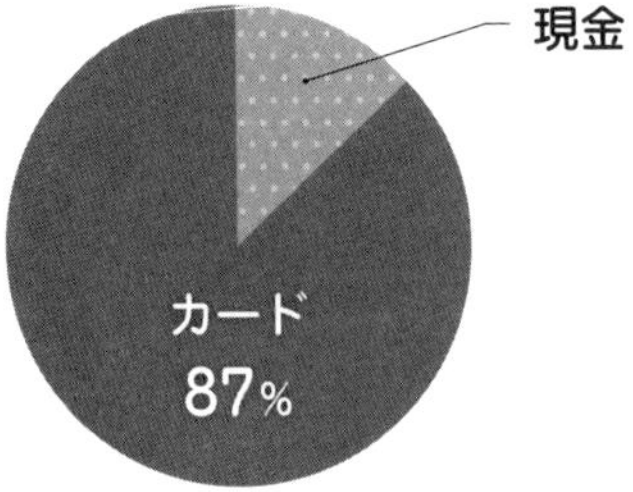

05

デジタルライフを楽しむ前に、インターネットの環境を確認しましょう

じゃあインターネットをやってみよう、と思ったら、まずどうすればいいでしょうか。

最近のマンションには、共同アンテナとか、共同インターネットの環境が整っているところもあります。私のマンションの場合は、インターネット料金が管理費に入っています。そのことを知らずに自分で契約してしまった、という話も聞きますので、共同住宅の場合は、管理人さんやオーナーに、インターネットの環境を確認してみましょう。

パソコンよりも、スマホやタブレットなどを使われる方なら、Ｗｉ－Ｆｉ（ワイファイ）を利用するといいと思います。私のような、お出掛けばあさんには、持ち運びに便利な「モバイルＷｉ－Ｆｉ」がいいかもしれません。老人会などにタブレットを持参したときも、モバイルＷｉ－Ｆｉにつなげば遠足会やカラオケ大会の動画をお見せすることもできますよ。

若い世代と同居している方は、すでにお宅にＷｉ－Ｆｉが用意されているかもしれませんので、聞いてみていただきたいと思います。

マーチャンの豆知識

❖Wi-Fiって何？

Wi-Fi（ワイファイ）とは、パソコン、スマホ、タブレット、ゲーム機などのインターネットを使う機器を、ケーブル（紐）を使わないで無線で接続する技術をいいます。電波が届く場所なら、ケーブルでつながなくてもインターネットに接続できるようになります。

ただ、自宅にインターネット回線が引かれても、Ｗｉ－Ｆｉがすぐに使えるわけではありません。Ｗｉ－Ｆｉを利用するには、Ｗｉ－Ｆｉ（無線ＬＡＮ）ルーターが必要です。

Ｗｉ－Ｆｉは駅や空港、コーヒーショップなどでも使える所が増えてきました。とても便利ですが、安全面に問題があります。そういう場所では「天気予報」「ニュース」「グルメ情報」などを見るのは問題ありませんが、「個人情報」「口座情報・クレジットカード情報」（自分以外の人も含めて）などは開かないようにしましょう。詳しくは、１３７ページをごらんください。

06

ささやかな善意も、
ネットの力で
最大限に
活かすことができます

少し前の話ですが、私のニュージーランドの友人が、乳がんの手術をしました。かなり大変な手術だったと彼女は言っていましたが、2日で退院させられたそうです（日本の病院でも手術後、早々と追い出されるらしいですね）。そして、病院からあと10日間、通院しろと言われたものですから、驚いて、「車椅子に乗っているのもしんどいのに、とても車なんか運転できないし、通院なんかできません」と訴えました。すると、「それは大丈夫。福祉協会の人に言ってあるから」という答えが返ってきたそうです。

次の日より病院の休みの日を除いた10日間、毎日9時半の通院に間に合う時刻に、誰かが車で迎えに来てくださったそうです。治療が終わると、また誰かが来て家まで送ってくださる。結構早めに来ちゃったり、なかなか迎えに来てくれなかったり、ということがあっても、必ず誰かが来てくださるのです。

これはどういうことかというと、要するに、データベースができていて、送迎できる登録者がどこに住んでいて、どんな車を持っているか、車椅子をそのまま乗せられるかどうか、などを管理しているのです。

毎日暇な人はいなくても、一年中、24時間、365日忙しい人もいないですよね。善意のある方が事前に、「私の住所はどこそこ」「空いている日時は毎週土曜日の何時から何時まで」「クルマに車椅子は乗せられないけれどゆったりしている」などという事項をあらかじめ、コンピューターに登録しておいてくださるわけです。すると福祉協会の方が、大勢のボランティアさんのリストの中から、条件に合いそうな人を探して、その時間に

都合のつく人が送迎に向かう、というわけです。

これができるのもコンピューターのチカラです。人の善意を、情報の力でうまく活用しているいい例だと思います。

これは、日本でも応用できると思うのです。この頃は、高齢者の事故が多いから免許証を返納した、という方もありますよね。車がなくても、例えば県庁まで行きたいとき、登録している人に頼めば、送り迎えをしてくれるとか。まずは特区（特別の区域）を作って、実験してみたらいいと思っています。

インターネットの力でささやかな善意を活かす、ということも、これから考えてもいいのかもしれません。

3章

シニアのための安心スマホ教室

01

教えてくれる先生は、ちょっと厳しいくらいがちょうどいい

スマホが扱えるようになると、生活は便利になり、世界が広がります。遠方で暮らす子どもや孫と無料で通話をしたり、インターネットでショッピングをしたり、病院の予約を入れたりなど、スマホ一つあれば、何でもできます。

これからの時代は、銀行振込も、公共手続きの申請なども、スマホがないと、できなくなるかもしれません。そんな未来は、すぐそこまで来ています。

代理で誰かがやってくれるかもしれませんが、大事な手続きは、信頼関係がないと、なかなか人にはお願いしにくいですよね。だまされて泣きを見るリスクを避けるためにも、使い方を自分で習得したほうが、安全で便利なのは間違いありません。

ただ、誰に教わっていいか分からない、家族にも親切に教えてもらえず、「また同じことを聞いて！」と言われてもう聞けなくなってしまう、という声はよく聞きます。携帯電話会社が主催するスマホ教室に通ってはみるものの、一向に上達しない、というのもよくある声です。

これは、すべての勉強に通じることですが、自分で問題を解決しようとせずに、「分からなければ聞けばいいんだ」と思っていたら、進歩はないですよね。

私は意地が悪いので、パソコン教室の生徒さんには、「3回聞いても嫌な顔をしないで教えてくれる先生は、悪い先生だ」と言っています（笑）。

教わる人は、教室の先生であれ、家族であれ、何度同じことを質問してもニコニコと答えてくれる人ではなく、「とにかく自分でやってみなさい」とちょっと突き放してくれる人がいいと思いますよ。

02

学んだことを
メモするのはお勧めしません。
その理由は……

真面目な人ほど教わったことをメモしますが、私はあまりお勧めしません。どうしてかというと、バージョンアップ（ソフトやアプリに新しい機能を追加したり、安全面を強化したり、不具合を修正したりして改善を行うこと。大事なことですので必ず実行しましょう）されると操作の方法が変わることがあり、混乱してしまうからです。また、メモをしたことで満足してしまって、覚えようとしないのです。

いちばんいいのは、自分で調べること。ネットでしたら、わりと最新の情報が得られます。

取扱説明書を丁寧に読み込もうとして、挫折する方もありますね。日本はほかの家電でもそうですが、取扱説明書のページ数が多すぎます。最初から読んで、一つ一つマスターしようとしても、大抵最初の数ページで挫折します。

取扱説明書は辞書と同じように、操作していて分からなくなったら、該当箇所をチェックするぐらいでいいと思います。

大切なのは「トライアル・アンド・エラー」です。これは日本語にすると試行錯誤。人は困ったときに新しいことを覚えるのです。

例えば韓国スターのファンクラブに入りたいけれど、入会するにはインターネットを使わないとできない。何が何でも入会したいから、自分でやってみたら、できちゃった。

「困ったときに」と書きましたが、むしろ楽しいことをしているときに〝困ったな〟と感じたときがチャンスです。それを解決しようとするとき、新しい知識を手に入れることができるのです。

スマホを使い始めるきっかけは、何でもいいと思います。最初は、これができるようになるとうれしい、楽しい、そんなワクワクするようなことがきっかけになるといいですね。

03

デジタル機器は、簡単には壊れません。怖がらずに触ってみましょう

手のひらに載るような小さなスマホですが、できることは無限大です。電話やメール、写真撮影のほか、インターネットが使えるので、レストランやホテルの予約などもできます。ＬＩＮＥ（ライン）やＦａｃｅｂｏｏｋ（フェイスブック）などのＳＮＳ（エスエヌエス）を使って、気軽にメッセージや写真を送ることもできますので、利用されている方も多いのではないでしょうか。音楽やラジオも聴けますし、地図アプリを使えば、目的地まで案内してくれます。

慣れるためにはまずは、触ってみることです。

お孫さんなどは、誰が教えなくても、いい加減にいじっているうちにできてしまっていますよね。ということは、スマホは簡単に壊れることはない、ということです。もし「壊れちゃったかな」というときは、最悪の場合、初期化（使い始めの状態に戻す）してしまえばいいのです。

また、今どきのスマホは進化しており、落としたり、踏んでしまったりなど、外からの衝撃に対しても強くなっています。防水、耐水、防塵対応のスマホも販売されています。

「怖い」と言って、スマホを使わないなんて損。まずは携帯電話会社のショップか家電量販店に足を運んで、スマホに触《ふ》れてみましょう。その中で、自分がいちばん使いやすいものはどれか、探してみるのもいいですね。

マーチャンの豆知識

❖SNSって何？

おしゃべりするのって楽しいですね。気の置けない、いつもの仲間とおしゃべりするのも、新しいお友達が交じるのも楽しいですね。でも、集まるのってなかなか大変です。

また、お話の最中に、さまざまな情報を聞いても、あとで、「Aさんがたしか、お隣の駅の近くに開店した結構いけるイタメシ屋さんのことを話していたけれど、お店の名前を聞き漏《も》らしちゃった」ということがありますね。

SNSは、インターネット上の「おしゃべり会」です。といってもFacebook（フェイスブック）のように、世界中で会員15億人という大規模なものから、趣味の会、学校の同窓会など、会員限定の小規模なものまでさまざまです。

インターネット上ですので「結構いけるイタメシ屋さん」の住所、お店の名前、行き方、地図なども、メンバーはみんな見ることができますし、記録も残ります。

そもそも、そんなところから始まったのですが、今では大統領が世界に向けて情報発信するのもＴｗｉｔｔｅｒ（ツイッター）という時代になりました。

ＳＮＳにもいろいろありますが、ほぼ共通しているのが次のことです。

●会員制。程度に差はあるが、メンバーは本人の個人情報を知ることができる
●メンバーは、文字でも写真、動画でも投稿できる
●投稿に対する反響が分かる

もちろん、あなたもメンバーの投稿に、共感の意思表示をしたり、感想を書き込んだりできます。

人間関係の素晴らしさ、面倒さは、インターネットの外の交友関係と同じで

す。オトナの知恵で賢く使えば、新たな友達にも出会える素晴らしい場所になります。

とりあえずはＬＩＮＥなどを使って、ご家族や親しいお友達相手のＳＮＳを始められてはいかがでしょうか。少しＳＮＳとのつきあい方が分かってきたら、Ｆａｃｅｂｏｏｋや、Ｔｗｉｔｔｅｒ、Ｉｎｓｔａｇｒａｍ（インスタグラム）などを始められてもいいかもしれません。

04

指で操作するのが
苦手という人は。
声で入力する方法も
あります

スマホはほとんどの操作を指を使って、タッチパネルで行います。まずは、スマホを指で操作する言葉を覚えましょう。次の3つを覚えれば大丈夫です。

スワイプ…画面に軽く触《ふ》れたまま指で軽く上下、左右になぞること。
画面を移動するときに使います。

タップ……指で画面をトンと軽くたたくこと。
アプリを立ち上げるときに使います。

フリック…画面に指で触《ふ》れたまま軽く払うこと。
主に画面上のキーボードの文字入力のときなどに使います。

指操作のポイントは

若い人は片手で持ち、親指で操作をしますが、慣れないシニアは、利き手の人差し指で操作するのでいいと思います。いずれの作業も、あまり強く押しすぎずに、軽く触《ふ》れる程度にするのがポイントです。

シニアは指が乾いているせいか、うまく反応してくれないことがあるかもしれません。熱い蒸しタオルなどで指を湿らせると、使いやすくなることもあります。

●音声入力ができます

文字を入力するのに、いちいち指で操作するのは面倒という方もいるでしょう。また、指が太くて誤動作してしまう、というケースもあるかもしれません。そんなとき、便利なのが音声入力です。

「マイク」のマークをタップし、調べたいことやメモしたいことをスマホに向かって話しかけると、自動的に文字が入力されます。ほぼ正確に漢字やカタカナに変換されますので、指で入力するよりも簡単かもしれません。

●タッチペンもあります

人前でスマホに話しかけるのは恥ずかしい、という方はタッチペンを利用してもよいでしょう。

タッチペンは、ボールペンのような形で、ペン先が細いものから筆のような形をしたものまでいろいろあります。スマホの操作だけでなく、お絵描きアプリなどではイラストを描くときにも便利です。一度使うと、手放せなくなる人もいるほどです。

05

#「拡大鏡」にもなりますよ。覚えておくと、とっても便利な使い方

携帯電話は通話やメールのやり取りがメインでしたが、スマホは持ち歩けるパソコンです。スマホを持っていて便利だな、と思うことはいろいろあります。

検索がすぐできる

まず、インターネットが使えることが大きなメリットですから、出先で調べものができます。

例えば近くのレストランを調べたいとき、スマホがiPhone（アイフォン）の方ならばSafari（サファリ）で、Android（アンドロイド）ならばGoogle Chrome（グーグルクローム）でキーワードを入力すれば、すぐに候補が出てきます。

画面を拡大して見られる

画面を拡大できるのも、シニア世代にとってはありがたい機能です。

拡大は、画面を親指と人差し指で触《ふ》れて、広げていくと、画面上の文字や写真などが大きくなっていきます。自分の読みやすい大きさに拡大できるので、拡大鏡を持って歩く必要はありません。

●拡大鏡代わりにもなる

スマホ自体が拡大鏡代わりにもなります。

例えば新聞を読みたいとき、カメラアプリを立ち上げ、読みたいところに画面をかざすと新聞の文字が映ります。そこで画面を拡大すると、映った文字を大きくすることができます。

◉メモの代わりにカメラでパシャ

スマホのカメラはメモ代わりになります。

バスや電車の時刻表は各交通機関のホームページでも確認できますが、バス停、電車の改札付近にある時刻表の写真を撮っておけば、いちいちインターネットにアクセスする必要はありません。

メモしておきたいことはカメラでパシャッと撮れば、1秒で完了。メモを紙に書く時間からも解放されます。

06

お金を持ち歩かなくても
いいのです。
「スマホ決済」で支払い完了

スーパーやコンビニエンスストアなどで買い物をするとき、現金ではなく、スマホで支払う「スマホ決済」の時代が確実に来ています。

ＰａｙＰａｙ（ペイペイ）などがその一つです。２０１８年から普及し始め、ニュース番組や雑誌、テレビなどでその名前を知った方もいらっしゃるのでは。アプリを立ち上げて、レジにかざしたり、専用の機械で読み取ったりして決済します。

登録、支払い手数料ともに無料です。残高も画面に表示され、面倒な小銭の計算からも解放されます。

スマホ決済を始めるときは、まずはアプリをダウンロードします。そして、クレジットカードか銀行口座を登録すると、買い物ができるようになります。

クレジットカードを登録した場合は、クレジットカードからの引き落としになります。銀行口座を登録した場合は、口座からスマホにチャージして支払いをします。

ＰａｙＰａｙなどの、ＱＲコード決済の支払い方法は2つ。

1つは、お店があなたのスマホのＱＲコードを読み取る方法です。まず、アプリを立ち上げて「支払う」を選択します。そして、画面に表示されたコードをお店が読み取ります。

もう1つは、自分でＱＲコードを読み取る方法です。アプリを立ち上げ「支払う」を選び、「スキャン支払い」をタップしたあと、スマホのカメラでお店に置かれたＱＲコードを読み取ります。

スマホ決済は、ポイントがたまるのも楽しみの一つです。

07

シニアからのよくある質問

Q1

「スマホの調子が悪いのですが……」

A1

スマホの動きが遅くなったな、と感じるときがあると思います。

実は、電源を入れっぱなしでいると、スマホに負担がかかるのです。長時間スマホを使っていると、ゴミが溜まっていくような状態になり、動きが悪くなります。スマホの動きが悪い、止まってしまう、というようなことになったら、一度、電源を切って、再度、電源を入れ直しましょう。電源を入れ直すことで、スマホがリセットされ、動きもスムーズになります。

ただし、電源はきちんと切って、入れ直すこと。電源ボタンを押して画面が暗くなっただけでは、電源が切れた状態になっていません。これは「スリープモード」といって、余計なバッテリー消費を抑えているだけです。

電源ボタンを長押しすると、「電源オフ」と表示され、それをタップするかスワイプすることで初めて電源がオフになります。試してみてください。

Q2 「電池がすぐになくなります」

A2

スマホにはリチウムイオン電池が搭載されています。この電池の寿命は2、3年が平均。毎日、使っていれば当然、劣化します。

あまり使った記憶がないのに、充電が半分になっていたら、バッテリーを交換するか、機種変更をしましょう。

また、バッテリーの容量がまだ80パーセント以上もあるのに充電をすると、電池に負担がかかってしまいます。理想は、バッテリーの残量20パーセントを目安に充電すると、劣化が防げます。充電中は、ゲームをしたり、動画を観たりするなどの過度な操作を行わないほうがいいでしょう。

Q3

「マナーモードと機内モードの違いが分かりません」

A3

「マナーモード」は着信音が出なくなる設定です。一方、「機内モード」は電波の送受信ができなくなる設定です。

電車の中などで、「マナーモードに設定し、通話はご遠慮ください」というアナウンスが流れますよね。マナーモードでは音が出なくなるものの、電話の着信、メールやLINE（ライン）などのメッセージの受信は可能です。

一方、機内モードは、飛行機の運航にスマホの電波が影響を与えないように、電波の送受信をシャットアウトする設定です。ただ、最近の航空機では機内でＷｉ－Ｆｉ（ワイファイ）が使えるため、機内モードでもＷｉ－Ｆｉを受信できるように設定しておけば、インターネットの利用やメッセージの送受信はできるようになります。

LINE《ライン》の便利な活用法

＊スマホの操作方法やアプリの使い方は、今後変更になる可能性があります。

まずはLINEアプリを登録

ＬＩＮＥは、無料で友達や家族とメッセージのやり取りや、インターネット電話が利用できるアプリです。初めから入っているスマホも多いですが、新しく登録するには、以下の手順を踏みます。

❶スマホがAndroid（アンドロイド）の場合はGoogle play（グーグルプレイ）から「インストール」、iPhone（アイフォン）の場合はApp Store（アップストア）から「入手」しましょう。
❷ダウンロードが終わったらLINEアプリを開き、「新規登録」をします。
❸電話番号を入力すると、スマホのショートメッセージで4桁の番号が送られてきます。それをLINE画面に表示された「利用登録」の部分に入力

します。

❹名前とＩＤ（アイディー）、パスワードを登録します。名前はニックネームでもかまいません。ＩＤは自由に英数字を組み合わせてもいいですが、パスワードと似たようなものは避けましょう。パスワードを登録したら、利用できるようになります。

❺プロフィール画面に画像を登録します。画像がないと、「なりすまし」と勘違いされてしまうかもしれません。できれば見ていて楽しくなるような写真やイラストを使うといいですね。

「友だち」を追加する

知り合いから「ＬＩＮＥをやっていますか？」と聞かれたら、名刺交換のようにLINE IDを交換できるようにしておきましょう。ただし、IDの取り扱いには注意が必要です。相手にIDを知らせるときのみ、「設定」➡「プライバシー管理」➡「IDによる友だち追加を許可」を有効にします。

「友だち」になるには、次のような方法があります。

❶相手のQRコードを読み取る

「友だち」画面右上の「友だち追加」のアイコンをタップします。そこで「QRコード」をタップすると、写真を撮るような画面になります。相手のQRコードを読み取って、相手の名前と「追加」と表示されたら、「追加」をタップしましょう。これ

で「友だち追加」完了です。

❷相手にQRコードを読み取ってもらう

先ほどの、写真を撮る画面の下にあった「マイQRコード」をタップすると、自分のQRコードが表示されます。それを相手に読み取ってもらいます。

❸遠方にいる「友だち」を追加する場合

電話番号かIDを相手に伝え、検索してもらいましょう。もしくは同様に相手から電話番号かIDを聞き、「友だち追加」⬇「検索」で、IDか電話番号を入れて検索し、名前が出てきたら「追加」をタップ。これで「友だち」になれます。

新規登録画面では、「友だち自動追加」と「友だちへの追加を許可」がオンになっています。そうすると、自分の電話帳に登録されている人が、自動的に「友だち」に追加されてしまいます。特にLINEでやり取りする予定のない相手がある場合は、「オフ」にして、自動追加しないようにしておくといいでしょう。

トークを始める

❶「友だち」一覧の画面を開き、トークしたい「友だち」の名前をタップします。
❷表示された「友だち」の左下「トーク」をタップします。
❸画面下の入力欄をタップするとキーボードが表示され、文字を入力することができます。

LINEのいいところは、短い文章でやり取りできるところです。「おはよう」

や「ありがとう」もスタンプを送るだけでやり取りができます。かわいいキャラクターやユニークなメッセージがデザインされたスタンプを使うと、やり取りも、うんと楽しくなります。

LINEのトークは、「友だち」との会話が吹きだし形式で表示されます。リアルタイムで（即時に）会話できるので、相手と直にお話をしているような気持ちになります。手軽に画像や動画、音声メッセージ、位置情報も伝えることができます。

スタンプを送りたいときは、入力画面の顔のマークをタップします。スタンプをタップして選び、矢印のマークで送信するとスタンプが送られます。

写真を送るときは、入力部分の左側にある、四角の中に山が描かれたマー

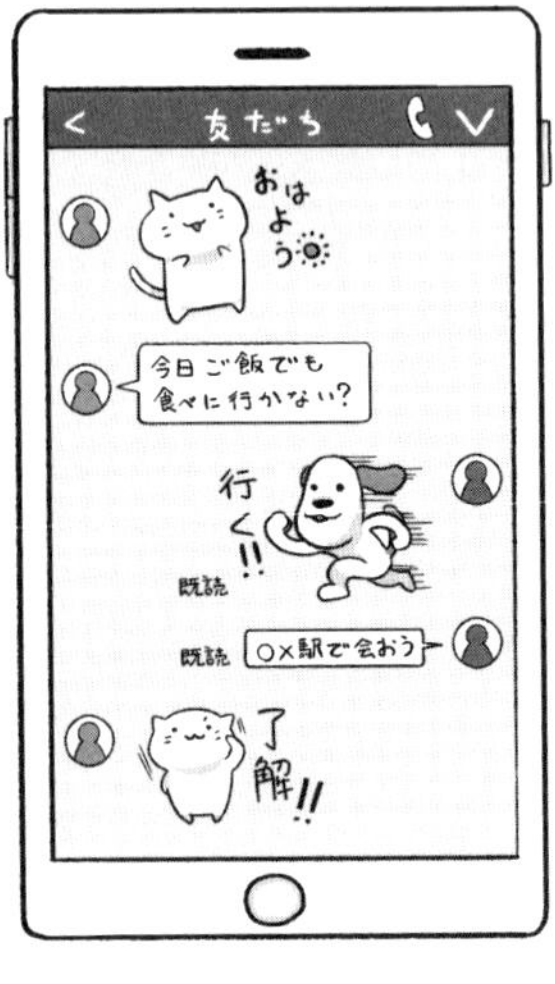

クをタップすると、スマホ内に保存された画像が表示されます。その中から送りたい画像を選んで送ります。

通話するには

LINEは電話のように相手と話ができます。ビデオ通話もできます。電話をしたい「友だち」を選び、受話器のマークをタップしましょう。相手が出たら、通常の電話と同じように話ができます。通話の途中、ビデオのアイコンをタップすれば、ビデオ通話に切り替えられます。ビデオ通話はテレビ電話のようなものです。

LINEはインターネット回線を利用するため、通話料はかかりませんが、長時間利用する場合は、自宅にWi-Fi（ワイファイ）環境を整えておくといいでしょう。Ｗｉ－Ｆｉに接続していないと、特にビデオ通話の場合は長時間使用したり、頻繁に使ったりするとデータ通信量がかさみ、上限に達すると通信速度制限がかかり、通信速度が低下します。

慣れるまでは自分だけのマイルームで

ＬＩＮＥでできるのは「友だち」とのトークだけではありません。誰かとやり取りするのにまだ自信がない方は、１人だけのグループを作ってみましょう。

作り方は簡単です。

「友だち」⬇「グループ作成」⬇「友だちを選択」に進みます。「友だちを選択」では誰も選択せずに、「次へ」をタップします。

「プロフィールを設定」の画面が出たら、グループ名を入力します。これで自分

1人だけのグループができます。

これは意外と記録やメモがわりになるのです。例えば、「来週木曜日、美容院15時予約」とトークに入れると、そのままメモになります。撮った写真を送信すれば、それも保存され、アルバムがわりになります。そうやって慣れていくうちに、「友だち」とのやり取りにも自信がついてくるはずです。

位置情報の機能を使う

LINEは相手に今、自分がいる位置情報を知らせることができます。

❶トーク画面の「+」から「位置情報」をタップします。
❷地図が表示されると、青い丸のマークの上に赤いマークが表示されます。

青いマークは自分がいる位置、赤いマークは目的地です。

❸黒い吹き出しに白い文字で店名や駅名、今いる住所が表示され、その上に「この位置を送信」という文章が出てきます。それをタップすると、トークに位置情報が送信されます。

これを、先ほどの1人グループに送信する使い方もオススメです。今、自分のいる場所が分かりますし、たまたま入ったカフェが気に入ったときに、位置情報を送っておけば、後日訪れる際に地図を探す必要がありません。なかなか便利ですよ。

アルバムを作成してみましょう

「友だち」と一緒に写っている写真や、お気に入りの画像を仲間同士で共有したいときは、1枚1枚送るよりも、アルバムを作成したほうが便利です。

トークの右上にある3本線のマークをタップして、そこから「アルバム」を選択します。右下の「＋」マークをタップすると、スマホに保存された写真が出てきます。好きな画像を選んでアルバム名を入力し、作成をタップするだけ。これで「友だち」とアルバムを共有することができます。

アルバム名は「○年卒同窓会」や「ランチ会」など、イベントごとのタイトルをつけるといいですね。1カ所にまとめて保存できますし、保存期限がありませんので、削除を選択しない限りずっと残せます。

LINEを安全に使うために

ＬＩＮＥは便利で楽しいものですが、安心、安全に使うためには注意が必要です。

まずＬＩＮＥ ＩＤは知らない人と交換しないことです。ＬＩＮＥからメッセージを使って、詐欺を働いたり、個人情報を盗み取ろうとしたりする人もいます。もし、知らない人から怪しいメッセージが来たら、「ブロック」しましょう。わいせつなメッセージが来たら、ブロックしたうえで、通報しておくと、ＬＩＮＥの運営側にもその情報が伝わります。

また、ＬＩＮＥは、トークだけでなく、タイムラインに投稿することもできます。ここは、「友だち」だけでなく、不特定多数の人が見ることができますので、タイムラインには個人情報を書きすぎたり、住んでいる場所が特定されるようなことは書かないことです。もちろん、人の悪口も。

LINE Payがあると便利

LINE Pay（ラインペイ）は、スマホで決済ができるアプリです。「友だち」同士で送金したり、お店でQRコード決済したり、オンラインショッピングにも使えます。

例えば食事や飲みに行ったとき、1円単位の細かな金額まで現金で割り勘するのは面倒です。足りないと「残りは今度、会ったときに」と言いつつ、もらい忘れ、払い忘れがありますが、LINE Payならそんなことはありません。その場で送金すれば支払いは完了です。

また、ＬＩＮＥ Ｐａｙはポイントもたまります。クーポンもあります。いろいろなお店でお得なサービスが受けられるなら、利用しない手はないですね。

万が一、スマホを紛失しても、届け出を出せば、お金が消えることはありません。

LINE Payの登録方法

ＬＩＮＥの画面から「ウォレット」を選択します。「はじめる」の利用規約に同意して、ＬＩＮＥ Ｐａｙ専用のパスワードを設定。銀行口座と暗証番号を登録し、そこからチャージすれば、利用できるようになります。

4
章

知っておきたいセキュリティのこと

01

パスワードを
盗まれないためには、
使い回しを
しないことです

スマホは、インターネットで、あらゆるサービスとつながることを前提として作られています。インターネットを利用することで、誰かとメッセージを交換したり、買い物をしたりできますが、そのサービスを、他人に勝手に使われないようにしなければなりません。

そのために、ＩＤ（銀行で例えると銀行口座番号）と、パスワード（銀行で例えると暗証番号）を設定する必要があります。

しかし、利用しているサービスのすべてのＩＤ、パスワードを丸暗記しておくのは大変です。忘れないためにはＩＤ、パスワード帳を作っておくといいと思います。実際にノートに書く方もあれば、アプリを使って管理している方もあります。

新しく何かを登録する場合は、面倒でも、必ず

サービスごとに記録を残すようにしましょう。また、ＩＤ、パスワード帳は誰にも見られないように管理しましょう。

パスワードやＩＤが他者に盗まれるのは、設定が甘いことも原因です。パスワードを「１２３４５６７８」としている人も少なからずいます。また、同じパスワードを使い回したり、自分の誕生日をパスワードにしていたりする人も、要注意です。これらはすぐにパスワードが割り出されてしまいます。

家族の誕生日やペットの名前も、意外とバレてしまうもの。個人情報が特定できるようなパスワードも避けましょう。

個人情報を盗み取られて困るのは、自分だけではありません。そこに登録されているほかの人の情報も盗み取られ、知り合いにも迷惑をかけてしまうことがあるのです。

パスワードやＩＤは使い回さず、割り出されにくいものにすることです。また、セキュリティソフトを入れることをお勧めします。

02

パソコンだけではありません。
スマホを狙った
ウイルスも増えています

セキュリティソフトは番犬のようなものです。不審者（ウイルス）が侵入しようとすると、反応して追い出してくれます。

パソコンにはセキュリティソフトを入れていても、スマホには入れていない、という人は多いのですが、最近はスマホを狙ったウイルスが増えています。

不審なメールを開き、メール本文のＵＲＬ（ホームページのアドレス）をタップしたり、添付ファイルを開いたりしてしまうと、ウイルスに感染することも。Ｔｗｉｔｔｅｒ（ツイッター）などのＳＮＳにダイレクトメッセージが送られてきて、知り合いからだと思って開いてみたらウイルスに感染してしまった、なんてこともあります。

いくら知り合いからでも、怪しいメールが送られてきたら、うかつに開かないことです。知り合いがウイルスに感染し、乗っ取りに遭《あ》っている可能性もあるからです。

セキュリティソフトを入れる際は、信頼性のあるものにしましょう。セキュリティソフトの中には怪しいものもあり、かえって個人情報を盗まれるものもあります。無料のものは注意が必要です。

安心なのは、契約している携帯電話会社のセキュリティソフトです。まだ入れていないという方は、契約している携帯電話会社のショップなどに問い合わせしてみましょう。

ただし、セキュリティソフトは多く入れたほうがいいものでもありません。たくさん入れてしまうと、それぞれのソフトが常に動いている状態になり、かえってスマホに負担がかかってしまいます。

番犬が何匹もいると、ワンワンほえてうるさくなってしまうのと一緒です。信用できるものを1つだけにしましょう。

03

スマホの画面には、必ずロックをかけましょう

スマホは無防備な状態にしておくと、第三者から悪用されてしまう可能性があります。そのため、必ず画面ロックをかけましょう。

画面ロックをかけると、ロック解除しないとスマホを使うことができませんので、自分以外の誰かに勝手に操作されることを防ぐことができます。留守の家に鍵をかけておくようなものですね。

画面ロックの解除はいくつか種類があります。英数字の暗証番号やパターン、指紋認証、顔認証があります。

「パターン」は9つの点から4つ以上の点をなぞってつなぎます。簡単な設定にすると、他人に覚えられてしまう可能性があります。自分で覚えられる程度に、ちょっと複雑にしましょう。

「指紋認証」はホームボタンなどに自分の指紋を登録しておきます。指紋が一致しないとロッ

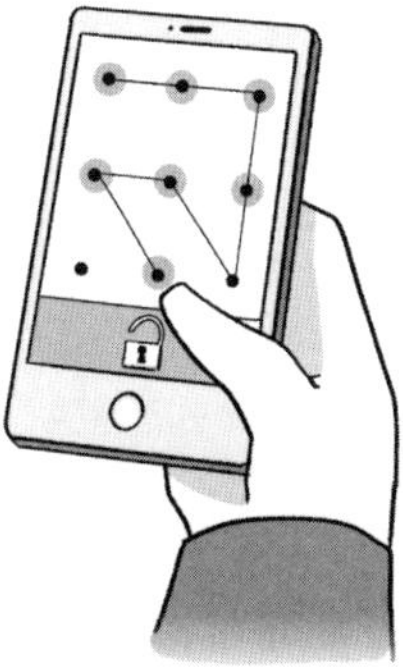

クが解除できません。

「顔認証」は、事前に顔認証に必要な情報を登録しておくと、スマホの画面を見つめるだけで瞬時に本人確認が行われ、ロックが解除されます。

ロックをかける方法は、Ａｎｄｒｏｉｄ（アンドロイド）の場合は「設定」⬇「セキュリティ」⬇「画面ロック」と進み、設定画面のセキュリティ項目（パターン入力・ＰＩＮコード入力・パスワード入力・指紋認証・顔認証など）から設定できます。なお、画面ロックの方法は、機種によって違いがあります。

ｉＰｈｏｎｅ（アイフォン）は「設定」⬇「Ｔｏｕｃｈ ＩＤとパスコード」⬇「パスコードをオンにする」と進み、パスコード入力画面で設定したい6桁の数字を入力します。指紋認証を利用するには、「指紋」⬇「指紋を追加」と進み、登録したい指でホームボタンをタッチします。（ｉＰｈｏｎｅ Ｘ以降は「Ｆａｃｅ ＩＤとパスコード」に変更されています）

04

Wi-Fiにも
セキュリティを。
誰かがのぞいているかも
しれません

最近は日本でもあちこちでＷｉ－Ｆｉ（ワイファイ）が使えるようになりました。カフェやホテル、駅や空港などの公共施設でも使え、飛行機の機内でもＷｉ－Ｆｉの利用が可能となっています。

Ｗｉ－Ｆｉに接続するときに、鍵のマークがついているものはＩＤとパスワードが必要なもので、比較的安全です。ホテルやカフェなどのＷｉ－Ｆｉは鍵のマークがついたものが多く、それぞれの店が設定したＩＤとパスワードを入力すれば利用できます。

注意が必要なのは、公衆Ｗｉ－Ｆｉです。フリーＷｉ－Ｆｉといって、無料で誰でも使えるものの中には、ウイルスが仕込まれていたり、パスワードやＩＤを盗む目的だったりするものもあります。これらはセキュリティの保護がされておらず、使うと個人情報が盗まれるリスクが高まることがあります。公衆Ｗｉ－ＦｉではＴｗｉｔｔｅｒ（ツイッター）やＦａｃｅｂｏｏｋ（フェイスブック）などのＳＮＳ、オンラインショッピング、インターネットバンキングなど、ログインや個人情報の入力が必要なサービスは利用しないようにしましょう。

またブラウザ（ウェブサイトを閲覧するためのソフト）にパスワードを保存しておくと、悪質なＷｉ‐Ｆｉを通じて、パスワードが盗まれる可能性があります。外でネットショッピングをするときは、ユーザー名とパスワードは、面倒でもそのつど入力するようにしましょう。

Ｗｉ‐Ｆｉ向けのセキュリティソフトもありますので、外でＷｉ‐Ｆｉを使うことが多い場合はセキュリティソフトを入れておくと安心です。

Ｗｉ‐Ｆｉは自宅でしか使わないから大丈夫、と思っている方もあると思います。しかし、家の外でも電波が届く範囲なら、自宅のＷｉ‐Ｆｉが使えますよね。ということは、誰かにのぞかれたり、乗っ取られたりしてしまう可能性もある、ということです。ですから、Ｗｉ‐Ｆｉルーターのパスワードも、推測されにくいものにしておきましょう。家族のパソコンやスマホだけ接続できるように設定する方法もあります。

05

身に覚えのない請求がメールで届くのは詐欺です

利用したこともないのに、突然、「情報料の請求」などのメールが来たら、それは架空請求です。お金をだまし取ろうとして、メールを送りつける詐欺の手口の一つです。

「アダルトサイトを見た」など、まったく身に覚えがないのなら無視していいのですが、最近は銀行や大手百貨店を名乗ったものも増え、トラブルになっています。確かに、いつも利用している百貨店から請求メールが来たら、信じてしまうかもしれません。まずは落ち着いてメールを見ることが必要です。

メールは開いただけではウイルスなどに感染することはなく、相手に情報を知られることもありません。相手は手当たり次第、ランダムに送ってきているだけですので、あなたがどんな人かを知っているわけではありません。

送られてきたメールに「ここに電話してください」と電話番号が書かれていても、うかつに電話しないでくださいね。相手はそこからあなたの個人情報を聞き出そうとします。

もしも、自分が普段から利用している銀行や百貨店を名乗ったメールが来た場合は、まず文章の最後にある署名を見ましょう。そこに電話番号が書いてあったら、本物かどうかを確かめてみます。銀行や百貨店の公式のホームページに記載されている電話番号と、同じかどうかをチェックして、違っていれば無視してかまいません。

どうしても気になるようでしたら、企業の公式な電話番号にかけて、問い合わせしてみるといいと思います。絶対に、メールに記載されている番号やメールアドレスに連絡するのはやめましょう。

万が一トラブルに巻き込まれてしまったら、消費生活センターに相談してください。

◆消費者ホットライン：188（局番なし）

06

偽サイト・模倣サイトにも
だまされないで。
見破る方法は
いくつかあります

この頃は、実在する通販サイトに似せたサイトも問題になっています。中にはデザイン、ロゴ、扱っている商品などをコピーして精巧に作っているため、本物と勘違いしてしまうものもあります。

偽サイトで注文してしまうと、粗悪品が送られてきたり、また代金を支払っても商品が届かないというトラブルも起きます。

偽サイトを見破る方法として、管理者が誰かを確認する必要があります。大手通販サイトのはずなのに振込先が個人名というのは、100パーセント偽サイトと見ていいでしょう。

ほかにも見破るために次のことをチェックして見てください。

●運営社名、住所、電話番号が明記されていない
●問い合わせのメールアドレスが、GmailやYahoo!メールなどのフリーメール

- 正規の価格よりも極端に値引きされている
- 不自然な日本語が入っている
- 支払先が銀行口座のみ。クレジットカードの利用ができない

偽サイトに氏名、住所、電話番号を入力してしまうと、個人情報を盗まれてしまいます。

欲しかったブランド品が安いといって、むやみやたらに飛びついてはいけません。かえって泣きを見てしまうので、「安すぎる」と思ったら、本物かどうかをきちんと見分けましょう。

07

新しいアプリを
入れるときの注意点。
怪しいと思ったら
削除できます

アプリにも不正なものは存在します。メールやLINEなどのメッセージ、ウェブ広告などからアクセスさせ、〝このアプリをダウンロードしてください〟と誘導します。これらは配送業者を装ったものが多いのが特徴です。

また偽サイトと同様に、人気のあるゲームアプリやショッピングサイトを模倣したものもあります。ゲームは無駄に課金をさせるシステムで、気がつけば高額請求が来ることもあります。またクレジットカード情報などを入力すると個人情報も盗まれてしまいます。

アプリを購入するときは、Android（アンドロイド）ならPlayストア、iPhone（アイフォン）ならAppStore（アップストア）といった公式ストアで購入しましょう。

これらは、アプリが公開される前に安全性の審査が行われますので、安心です。また、携帯電話会社が運営するアプリストアも安全です。

もしも怪しいと思われるアプリをインストールしたと思ったら、セキュリティソフトにかけてみます。怪しいアプリかどうかを判断してくれるアプリは、ＰｌａｙストアやＡｐｐＳｔｏｒｅにもあります。

その際も、インストールする前に、口コミやダウンロード数を見てみましょう。口コミ件数が多く、評価が高いものを選ぶと安心です。そして、アプリから求められている「アクセス許可」の内容を確認してから、ダウンロードをしましょう。

セキュリティソフトにかけてウイルスが検出されたら、すぐにアンインストールを。削除したいアプリのアイコン（マーク）を長押しすると、「×」または「アンインストール」という表示が出てきます。そこをタップすれば、スマホから削除できます。

08

OSはいつも最新に。
バックアップ
(別の場所に保存)も
しておきましょう

OS（オーエス）はオペレーティング・システムの略で、スマホを動かすうえで大事なソフトウエアです。Apple製のiPhoneであればiOS（アイオーエス）、それ以外はほとんどがAndroid OS（アンドロイドオーエス）です。

よく「OSをアップデートしますか？」と表示されます。アップデートには、新しい機能の追加と、不具合の修正の目的があります。セキュリティも更新されます。ですから、これを放っておくと危険です。最新のOSはウイルス対策がされていますが、古いものは脆弱《ぜいじゃく》で、ウイルスの攻撃を受けやすくなってしまうのです。またアプリも同様で、アップデートをしないと、セキュリティ上の問題だけでなく、使いづらく不便を感じてしまうこともあります。

アップデートにはデータ通信量がかかりますので、Wi-Fi（ワイファイ）がつながっているところで行うといいと思います。

ウイルスに侵されたスマホは最悪、初期化しなくてはいけなくなります。初期化すると、スマホが工場から出荷されたばかりの状態になり、中のデータは真っ白に……。せっかく撮った写真やデータがすべて消えてしまうことになります。

ですから、故障や紛失したときのことも考え、普段からバックアップをとっておくことをお勧めします。

バックアップとは、別の場所に写真などのデータをコピーして保存しておくことです。これをしておくと、新しくスマホを買い替えたときも、データを新しいスマホに移し替えることができます。

バックアップの方法は、iPhoneの場合、iTunes（アイチューンズ）とiCloud（アイクラウド）で保存する方法があります。iCloudは、無料ですが、一定の容量を超えると有料となります。

Androidの端末にはすでにバックアップ機能がついています。「設定⬇バックアップ」と「リセット⬇私のデータをバックアップ」でバックアップができます。

大事な情報やデータは、こまめにバックアップをとっておくと安心ですね。

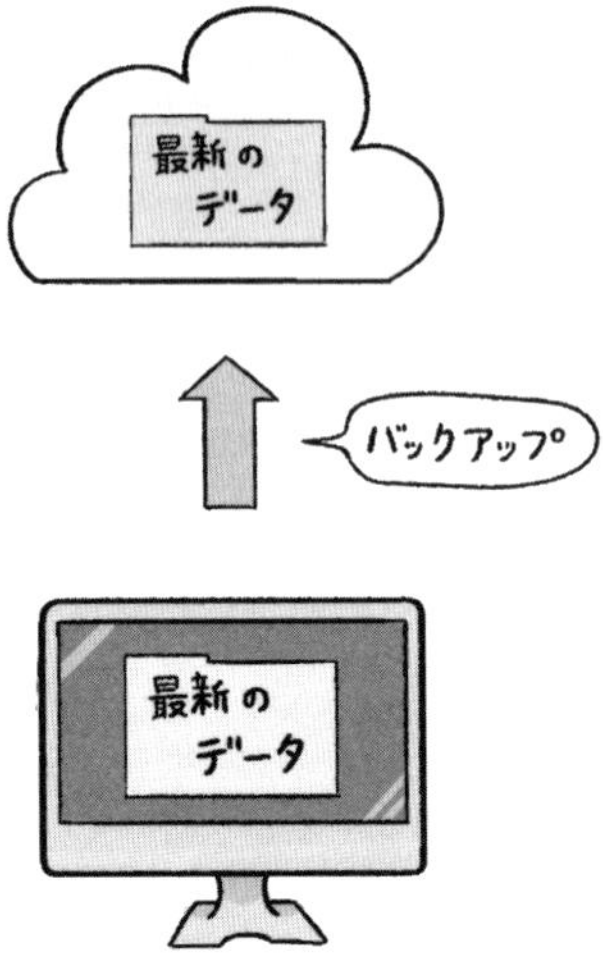

5
章

デジタルを活用して豊かに生きる

01

ボケ対策には
クリエイティブなことを
するのがいちばん

ちまたには認知症予防のドリルや対策グッズがあふれています。

でも、１００マス計算などの単純作業よりも、私は創造的なものを作り出す作業をすることが、いちばんだと思っています。

「創造」というのは、お手本どおりや人のまねでなく、自分で新しいことを考えて何かを作るということです。

パソコンを使った、クリエイティブなこととして私がお勧めするのは、エクセルアートです。

エクセル（Ｅｘｃｅｌ）というソフトウエアの「セルの塗りつぶし機能」や、「罫線の色つけ機能」を使ってアート（作品）を作るのです。

エクセルでは繰《く》り返《かえ》しの模様を作るのがとても簡単です。手芸のような感覚で楽しめますので、シニアにぴったりです。

ほかにも「ワードでお絵かき」という、図形を使った図形描画の世界もあります。

　こちらもエクセルアート同様、ワード（Ｗｏｒｄ）というソフトウエアの「図形の塗りつぶし機能」や「罫線の色つけ機能」などを使います。素晴らしい絵が描けますよ。

　エクセルもワードも、マイクロソフトオフィスというソフトに共通で用意されています。

　ただ、大事なことは、お手本や先生とまったく同じものを作っていても、創造力は強

◀エクセルアート
「花かご」

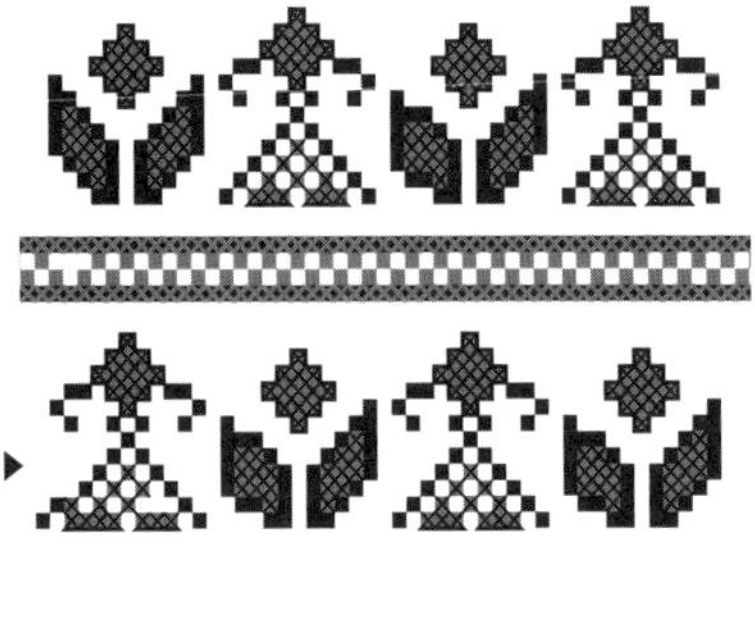

エクセルアート▶
「英国風」

化されません。下手でも幼稚でも、「自分で考案した柄」「自分の絵」を描いてください。

また、ビデオを撮影することがあれば、そんなときは撮りっぱなしにしておかず、ぜひ「編集」してみてはいかがでしょうか。

ストーリーを作り、それにもとづいて動画を編集し、キャプション（説明文）、ナレーション、ＢＧＭなどを加えた「作品」にしてみましょう。これこそ創造的な楽しみ方です。

02

琴もピアノも
デジタルで楽しめます

年を重ねてから、昔やってみたかったことを始めるのもいいものです。

私は子どもの頃、ピアノに憧れていました。当時、ピアノを習っているお友達が何人かいて、「私も弾いてみたい」と思っていたのですが、戦争が始まり、日本が第二次世界大戦に参戦したのは6歳のときでした。

ですから、ちょうど戦争と小学校時代が重なってしまい、ピアノなんて悠長なことを言っている場合ではありませんでした。

戦争が終わったあとも、仕事などで忙しく、定年後は母の介護がありましたので、ピアノを習い始めたのは75歳からです。

アパート暮らしですから、ヘッドホンを使える電子ピアノで練習しています。

また、お琴も試してみました。

「へぇ！」と思われた方が多いと思いますが、実は、「楽器アプリ」のお琴です。

今は、本物の高価な楽器に手が届かなくても、デジタル機器を使って手軽にいろいろな楽器を楽しむことができます。

ｉＰａｄ（アイパッド）などのタブレットの楽器アプリの中には、なかなか優れた物があります。音色もなかなかいいですよ。

年を取ると腕の力が衰えてしまうものですが、音量を調節すれば、少したたいただけで大きな音が出るようにもできます。

03

翻訳ソフトを使えば、どんな言語も読めちゃいます

私は、海外のカンファレンス（会議）に登壇して英語で講演したり、海外旅行によく行ったりしているためか、英語がペラペラだと思われているようです。

でも、日常会話もだめなんです。

そんな私がどうやって海外の方と交流できているのかというと、最近は、便利なサービスがあるのです。それは、グーグルコンピューター翻訳です。

翻訳サイトの「入力欄」に日本語を入れると、隣に英語の翻訳文を表示してくれる、ドラえもんのひみつ道具が現実化したような、とっても便利なサービスです。

英語だけでなく、ドイツ語、フランス語、イタリア語、中国語、韓国語など、主要な100カ国語はほぼ網羅されてい

ます。

アメリカのテレビ局から「高齢のアプリ開発者に取材したい」と問い合わせが来たときも、このグーグル翻訳で乗り切りました。

翻訳は、文章を直訳してくれるだけですので、ニュアンスが伝わらない、少し意味が違う、といったことも起こりうると思いますが、短い文章で、事務的な文言なら十分に使えるレベルです。ええ、もちろん小説なんかは無理ですが。

しかも、グーグルコンピューター翻訳の精度はどんどん進歩しています。音声を流すだけで、マイクで拾って文章化し、それを翻訳する、という機能もできてきています。それはもう、同時通訳機ですね。

04

最近よく聞く「プログラミング」って何だろう?

皆さんは、プログラマーといいますと、どんなイメージをお持ちでしょうか。

まずは、青い顔をして、ものすごいスピードでひたすらキーボードをたたく人たち。モニターには火星人の暗号みたいな、何やら訳の分からない英字や数字がびっしり並んでいて。ときどき伸びをして、目をぱちぱち瞬く……。

もちろん、今もこういう業務用のプログラミングをしている方もたくさんおられます。というより、急速な勢いで進化する人工知能や量子コンピューターなどの、最先端技術の専門家の数が足りないので、そんな人はますます忙しくなるでしょう。今の世の中、人工知能の進歩でいろいろな職種の仕事が「絶滅の危機」に瀕《ひん》していますが、少なくとも当面、コンピューターの専門家が仕事を失うことはないでしょう。

あるいはプログラマーというと、自宅の2階の一室で、ぼさぼさの髪をかきむしりながら、何やら考え込んでいるオニイサンを想像しますか？　家族との会話もない、いわゆる「オタク」でしょうか。

しかし、今は違います。プログラミングも多様化しています。

さらに近い将来、「1億総プログラマー」時代になります。

保育園などでの「ままごと遊び」でも「積み木遊び」でも、ブロックを積み上げた「オウチ」に、簡単なプログラミングで自動ドアが取り付けられたり、暗くなると自動的に玄関の明かりがともったりするでしょう。

小学校では、2020年からプログラミングが必修科目になります。児童の中には、押《お》っ取《と》り刀《がたな》で勉強会へ参加なさっておられる熟年世代の先生方より、はるかに精通している子どもがたくさんいます。そして、子どもたちは「新鮮で」「独創的な」作品をどんどん作ります。

人工知能が活躍する時代、プログラミングそれ自体も進歩するでしょう。

それより、シニア自身もプログラミングを楽しんでみましょうよ。

今は、キーボードをたたいて行う、いわゆる「本格的な」プログラミングの中にも、比較的簡単なものも出てきました。

例えば、日本語で、コンピューターへの「お願い」が書かれた「板」を「パチン」「パチン」と並べて、プログラムを書く方式のプログラミングもあります。(例　Scratch〈スクラッチ〉)

このほか、アイロンビーズで作った「クルマ」を走らせるものまで、いろいろあります。楽しいですよ。

プログラミングは、どんな簡単なものでも「決まった手順どおり」でないと動きません。論理思考です。「何分よろしく」とか「適当にやって」というようなお願いは通用しません。

こういう世界に身を置く時間を持つと、論理思考が身について、詐欺などに遭《あ》わなくなるかもしれません。

05

喪失体験が多い
シニアにとって、
獲得体験の喜びは大きい

とはいっても、「プログラミングでいったい何を作ったらいいの？」と聞かれることがあります。

肝心なのは、そこです。

これからは、汎用性の高い、多くの人たちに使ってもらえるソフトやアプリではなく、現場を知っている人が、「自分や身近な人の役に立つ」「自分にとって使いやすいアプリ」を、自分で開発する時代になるでしょう。

２０１６年の「アプリの甲子園」というイベントで1位入賞した高校生の作品は、「何度も徘徊をするおじいちゃんを探しているおばあちゃんを助けるために、おじいちゃんの靴にセンサーを取り付けて、徘徊中のおじいちゃんのいる場所を確認して、それを拠点にいろいろ工夫をしておじいちゃんの安全を確保し、いち早く探し出す」というアプリです。おばあさんがどんなに喜ばれたか、想像がつきます。

皆さんもご一緒にいかがでしょう。

「親子教室」で学ぶ手もあります。シニアが教える教室もあります。

小学生のプログラミング教室でも、いちばん大切なことは「プログラムを学ぶ楽しさ」を教えることといわれています。おじいさま、おばあさまに、お父様、お母様に最低限お願いしたいことは、「誰々のほうがうまい」とか「もっとしっかり勉強しなくっちゃだめ」などとおっしゃらないでいただくことです。

また、どんな単純なプログラミングでも、たとえ「六角形」が一つ描けただけだって、自分がやってほしかったとおりにプログラムが動いたときは感動します。

こういう感動は、どんな健康法やサプリよりも効きます。心身の活性化に役立ちます。

高齢者は、失うものが多いものです。髪の毛が抜ける、歯が抜ける、友達が亡くなるなど、いつも「喪失体験」ばかり味わわされます。

「何かを作ること」は、あなたに獲得体験を与えてくれます。ぜひ、やってみてください。生きていることが楽しくなりますよ。

06

もうすぐやって来る
キャッシュレス時代。
手段に応じて賢く使い分け

「キャッシュレス」とは、現金（お札やコイン）を使用しないで、お金の受け渡しをすることです。

従来からあった銀行振込、公共料金の口座振替、クレジットカードでの支払いもキャッシュレス支払いですし、「Ｓｕｉｃａ」「ＰＡＳＭＯ」のような交通機関用のカードもそうです。ところが最近は、小口の、不定期の支払いも「キャッシュレスで」という方向になっています。

理由は、少子高齢化で人手不足が深刻なことと、キャッシュレスに使える技術やデジタル機器が進歩し、多様化したこともあると思います。

では、どんな形のキャッシュレスがあるでしょうか。

現在、多種多様なキャッシュレス手段が登場しています。例えば次のようなものがあります。

●クレジットカード

●電子マネー（Ｓｕｉｃａのようにお金をチャージして使うもの）
●デビットカード（預金口座と紐づけられた決済用カード。銀行が発行し、このカードで決済すると代金が即時に口座から引き落とされる仕組みです）
●スマホを使った「ＱＲコード」で請求先を呼び出して決済

どれがいいかは、時《とき》と場合によります。「タッチだけ」や「かざすだけ」のスピーディーな決済には、交通系のカードが便利です。電車やバスなどの近距離の

乗り物の運賃のほか、自動販売機やお買い物などに案外幅広く使えます。

そのつどのチャージが面倒であれば「View Suica」のような、オートチャージ方式のカードもあります。

QRコード式であればアプリ上で購買履歴が記録されますし、ポイントをためるのが目的であれば「ポイント付与つきのカード」、資金繰りの関係で後払いを希望するのであれば「クレジットカード」で、と賢く使い分けるのがいいでしょう。

海外では盛んに使われており、利用率の高い国では、こういうことに疎いシニアが取り残されがちなことが問題になっています。

最先端の最後尾でもいいのです。マイペースでいいですので、この本を手に取ってくださったシニアの皆様には、ぜひしっかりと使いこなしていただきたいと思います。

07

これまでのデジタル機器と人工知能（AI）は何が違うの？

テレビや新聞でも、AI（エーアイ）という言葉をよく耳にするようになりました。

これまでのデジタル機器と、人工知能（AI）とは、どこが違うのでしょうか？

今までの機械は、人に命令されたことだけを、命令どおりにやっていました。コンピューターは、「これこれこういうやり方で、ああしてこうしてください」と指示すれば、そのとおりに動く、というものでした。

それに対して人工知能は、一つ一つ細かに命令しなくても、以前にやった仕事から学ぶことができます。また、たくさんの情報を与えると、自分でそこから問題解決に役立つものを見つけたり、自ら勉強したりしながら、だんだん賢くなっていくことができます。

人工知能はすでに、人間より頭がよくなっているのだそうです。

例えば「カレーライス」を作ってもらう場面を想像してください。

従来型のコンピューターへの依頼の仕方は、「玉ねぎ○グラムを5ミリにスライスして火力××で5分炒めてください」と事細かに説明しなくては調理できませんでした。

ところが人工知能ですと、そんな説明は必要ありません。「冷蔵庫の中にある材料を使ってカレーライスを作ってね」と頼むだけでいいのです。

AIが、過去の料理記録から、このお宅の過去のレシピや、そのレシピでの食べ残し量の記録なども勘案したうえで、当日のお肉の量はこのぐらいが適当か、野菜はこの程度が妥当、さらに今日は気温32度と暑いので、塩

とスパイスはいつもの10パーセント増にしましょう、と自分で判断して調理します。またIoT（41ページ参照）で連動している炊飯器で、ご飯が炊き上がる時刻に合わせてカレーライスができ上がるように調節します。

人工知能は、奥さんがたとえカレーライスの作り方を知らなかったとしても、材料だけ用意しておけば大丈夫なのです。そうなれば、高齢になって体の自由が利かなくなっても、自宅で「できたてのお料理」が食べられますね。

ところで、人工知能の活躍する場所は、ざっくりいいまして2つあります。

1つは、「台風情報」「交通カードの利用データを使った鉄道の時刻表の最適化」「医師の診断のサポートシステム」「碁、将棋での対戦」もそうですね。ひたすら「正しく」「速やかに」結果を出すことが求められているものです。

もう1つは、人の表情や気持ち、気分を読み取ったり、心を癒やしたりしてくれるような「人間臭い側面を持った」働きをする人工知能です。

前者は、コンピューターの性能の向上もあり、すでに、かなりのところまで進んでいます。後者は、目下実用化に向かって進行中です。

1つ例を挙げますと、AIにあなたの「第二の人生」にふさわしい職業を聞いてみる、というものがあります。あなたの潜在的な能力、性格、趣味などの質問に答えると、自分では思いもつかない意外な適職(!?)を診断してくれるIBM Watson(ワトソン)という機能を活用したアプリです。

実際には「スキルに関する質問」「性格分析のための質問」「趣味に関する質問」を、さまざまな職種の男女に行って、職種ごとに、集まった膨大な性格的な特徴などを調査し、それにもとづいてWatson先生が、あなたにふさわしい職種を探してくれるのです。

私も試してみました。その結果、私の第二の人生に向いている職業は、なんとなんと「農業」！　でも、人間が生きていくには「食べ物」は必要不可欠。何かを育てる仕事ってシニアには向いていています。人間的でやりがいのあるお仕事かもしれませんね。

いずれにせよ、人工知能君は、まだ子どもです。人類が、いい方向に向かっていけるように、地球上のみんなで人工知能君を見守り、育てていかなくてはならないのではないかと思います。

人工知能君が広い心、温かい心が分かり、その場その場で何がいちばんいい方向なのかを判断できる存在になるように育ってほしいです。

その仕事はたぶん、今の子どもたちにお願いするようになると思います。

▲簡易体験版で適職を診断できます

08

AIの時代にこそ、必要になってくるのは「人間力」です

認知症が社会問題になる一方で、今、注目されているのが「非認知力」です。感情や心に関する能力で、他者とうまく関わったり、新しいものにトライしたり、柔軟な発想をしたりする能力だといわれています。これこそ「人間力」だと私は思います。

コンピューターは、感情を持っていません。例えば、「悲しい日にはごはんがおいしくない」ということは理解できませんし、「好き」「嫌い」という人の気持ちも理解しにくいのです。

これからは、人工知能と人とが、二人三脚で生きていく時代になります。

創造的な仕事やひらめき、理屈では割り切れ

ないことは、コンピューターには理解しにくいのです。だからこそ、これからの時代、ますます人間力が必要になってくると思っています。

じゃあ、人間力を養うにはどうしたらいいのでしょう。

私にもよく分かりませんが、少なくとも「人間をよく知る」ことは必要だと思うのです。

人間力を高めるには、人間について、また自分の周囲についてよく知ること。それには子どものときからいろいろな人たちと関わったり、いろいろな本を読んだり、音楽を聴いたり、名画を鑑賞したり、自然に親しんだりすることが大切なのではないでしょうか。

そして、誰かがそう言っていたから、ということではなくて、「自分だけの世界」を持つことが大切なのでは、と思います。

09

新製品の開発に、
日々頑張っている
若者たちにエールを

私たち高齢者は、新システムや新しいサービスなどの話を聞くと、ネガティブな考え方をしがちです。もともとシニアにありがちな「心配性」に加え、日本人独特の「欠点が目につきがち」な性質もあってのことでしょう。

例えば「ドローン」にせよ「自走車」にせよ、絶対的な人手不足に陥っていく日本にとってはありがたい助太刀かもしれません。欠点や、問題点の多くは、いずれ近い将来、解決するでしょう。世界中で猛烈な技術戦争をしているわけですから。

ドローンは、開発当時は、大揺れに揺れて、配達中のピザがぐちゃぐちゃになったりしていましたが、今では、おそばの出前にも使えるほど安定

した飛行もできるようです。

こういう新しい技術がシニアの味方であるとすれば、「何が心配か」より、シニアにとって、差し当たり「何に役立つか」を考えるべきと思います。

自走車だって、いきなり、原宿近辺を走るのは無理としても、老人ホームから同じ敷地内にある病院まで走るのであれば、それほど問題ないかもしれません。

診察の結果、薬が処方されれば、薬局はインターネットで送られてきた処方箋にもとづいて調剤し、ドローンで老人ホームに届けてくれればいいのです。


日本の将来を考えて、私たちシニアは、新製品開発に頑張っている若者にエールを送りましょう。

さらに進んで「クラウド　ファンディング」などに応えて、少額でも開発資金を投資するっていうのも、ありだと思っています。

そりゃ「投資が残念な結果」に終わることもあるでしょう。でも、若者にとっては「失敗は、次なる成功の母」です。少なくとも「オレオレ詐欺」なんぞにくれてやるより、ずっとましです。

最近はテレビでも「最新技術」についての分かりやすい解説も増えました。ぜひ、目を留めてください。

メディアの方も、「あら探し」より「いい所探し」と「温かい励まし」をお願いいたします。

10

「あったらいいな」を、
私たちから社会へ
訴え続けましょう

最後に申し上げたいことは、行政にも、社会にも、高齢者がデジタル社会を生きやすいように訴え続けていきましょう、ということです。

われわれシニアも、今の若い人の気持ちが完全に分かってはいません。それでも、私たちは「若者時代」を経験していますから、ある程度は若者の気持ちが分かります。しかし若者は、シニアの「こころ」も「からだ」も理解できにくいと思います。未知で未経験な世界ですから。しかも「人生100年時代」、そこまででなくても、80代後半以降の人の「こころ」や「からだ」については、人類にとっても未知の世界です。

例えば、年寄りにはスマホは使いにくいものです。「スライド」や「スワイプ」のように、画面を指でなぞるような操作は、高齢の、

特に男性には難しい。それは、指先が乾いているからなのです。その他、「明るい場所で画面が見にくい」など、老化による不都合はいろいろありますが、電気店のオニイサンたちも、そういうことを知りません。

総人口に占める高齢者の比率は、30パーセント近くに達していますから、高齢者向けの商品開発に対するニーズはあるのです。しかし、売る側もうまくマーケットが捉えられていない、というのが現状です。

すでに高齢者のニーズに応えられる商品・サービスがあっても、まだあまり知られていませんし、何をどう使ったらいいのか、シニア自身は分かっていません。双方のニーズの出会いの場所、意見交換のサイトができるといいですね。

また、将来の見通せない高齢者は、どんなに素晴らしい機器でも、高額の物を

「買い取り」するのは、問題があります。レンタルのように「月決め」で支払えるような制度を作ることも必要だと思っています。

そして、どうせ年寄りはインターネットなんか使わないだろう、なんて考えないで、

「特養（特別養護老人ホーム）や老健（介護老人保健施設）にもインターネットを引いてください」

「サ高住（サービスつき高齢者向け住宅）などにも建設時にインターネットの設備を義務づけてください」

「シニアの情報教育や理科教育に、本格的に取り組んでください」

などなど、声を大にして訴え続けていきましょう。

付録

老いることで失ったならば、補えばいいのです シニアの機能を補完するデジタル機器

老いに対する不安は、誰もが持っています。目が見えにくくなって、耳も聴こえにくくなります。記憶力も悪くなります。また、筋力が低下し、平衡感覚も衰えてきます。

老化は、シニアの自立を妨げる要素ばっかりで、しょげてしまいそうですね。

特に今の50代、60代の方は、「私もああいうふうに、いずれ息子たちに厄介者にされるのかしら」と不安に思っているようです。しかも、これから医療費と介護費の負担が増える、介護従事者が足りない、などということが社会問題になっています。ですから、寝たきりにならないように、なるべく家族の厄介にならないように、健康に気をつけていらっしゃる方は多いと思います。

最近の研究では、難聴になると、脳の萎縮《いしゅく》や、神経細胞の弱まりが進み、それが認知症の発症に大きく影響することが、明らかになってきているそうです。また、難聴のためにコミュニケーションが取りにくくなると、人との会話を避けるようになり、社会的に孤立してしまう危険もあるともいわれています。ですから、聴力の低下を補うことは、とても大切だと思っています。

聴力だけでなく、今は、視力や記憶力、体力を補完するデジタル機器もたくさん開発されてきています。

どんな道具が役立つか、現在84歳の私がシニアの代表として、実際に体感した最新のデジタル機器を紹介します。


まずは、私自身が、どれだけ目と耳の機能が劣えているかを証明しないといけませんね。

はじめに聴力です。検査の結果、感音性難聴が如実に出ていました（次ページの図参照）。私の場合は、子音が聴き取りにくいので、ボリュームを大きくしただけではだめなのです。

驚いたことに、うちに来て検査してくださったお医者様は、iPhoneアプリ（Hearing analyzer Lite）で聴力を測ってくださいました。

視力は、裸眼で左目が0・3、右目が0・2。眼鏡をかけた補正視力は左目が0・5、右目が0・6、両眼で0・6でした。

2012年に両眼とも白内障の手術をしています。

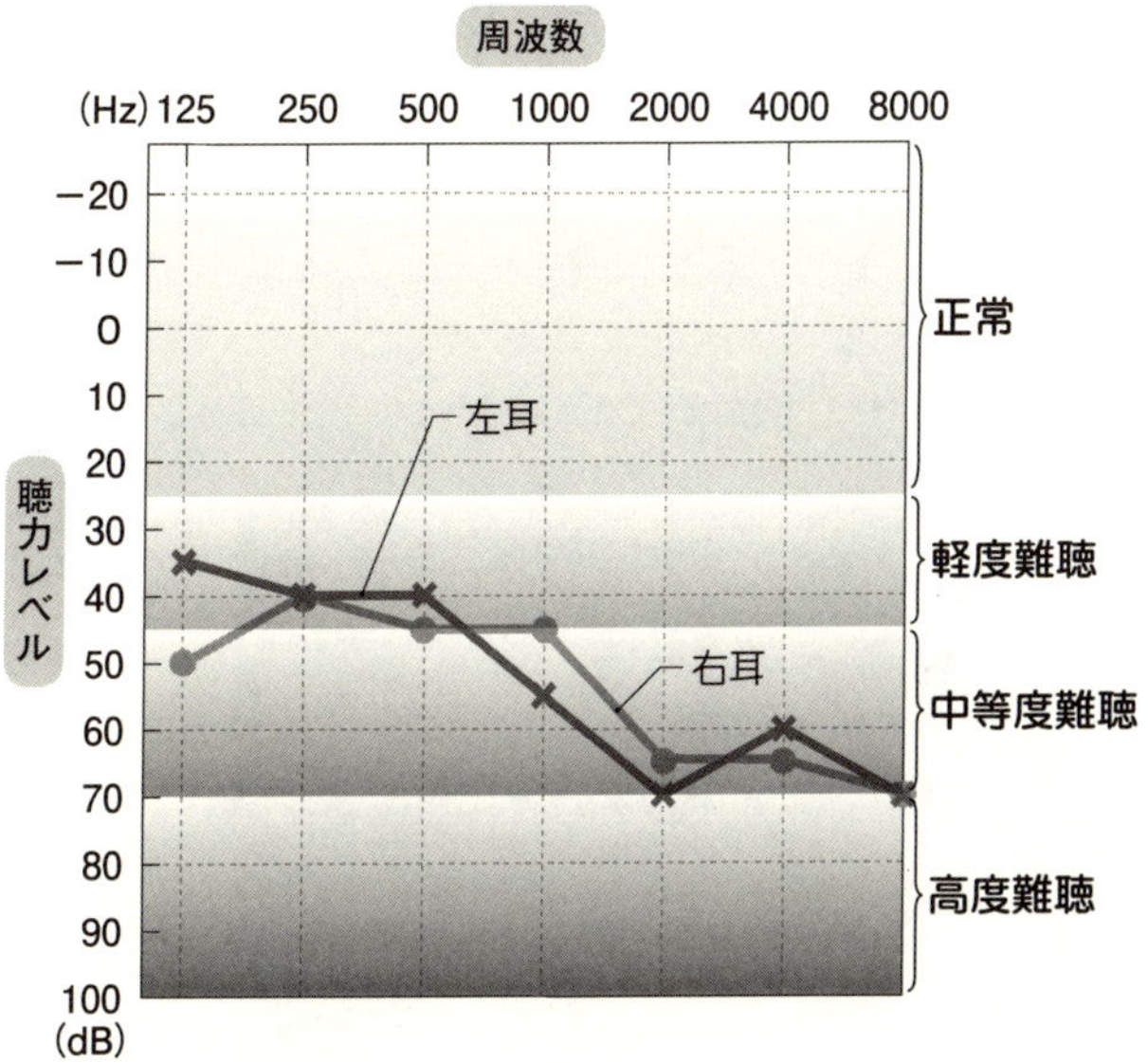

1 難聴をカバーする道具

● 音声を明瞭化するスピーカー

現在、すでに、多くの人が行き交う、騒音の激しい空港などで使われています。銀行のロビーで、順番待ちの人の呼び出しなどにも利用されています。一般には、家庭のテレビで使えます。いつも私が聴こえにくいと感じている、若い女性の声や早口の言葉も、聞き取ることができました。

*取材協力　株式会社サウンドファン

◀11秒の動画がごらんになれます

◉騒音下でも聴き取りやすくする骨伝導イヤホン

高音が聴こえづらい人は、騒がしい場所での言葉の聞き取りも難しくなります。

骨伝導のイヤホンを使用すると、周囲の環境音の影響を最小限にして、会話を聴き取りやすくできます。

＊取材協力　株式会社ＩＰＴＩ

▲15秒の動画がごらんになれます

◉通話の言葉を文字にするサービス「みえる電話」

　スマホの画面に、通話相手の言葉をリアルタイムで即時に文字に変換するサービスです。

　電話しながらメモしたいときに、文字で記録できますので、必ずしも耳が聴こえにくい人でなくても重宝します。片手が不自由で、電話を持ちながらメモできない人にもいいと思います。申し込みも要らず、使用料もかかりません。

＊取材協力　株式会社ＮＴＴドコモ

◀19秒の動画がごらんになれます

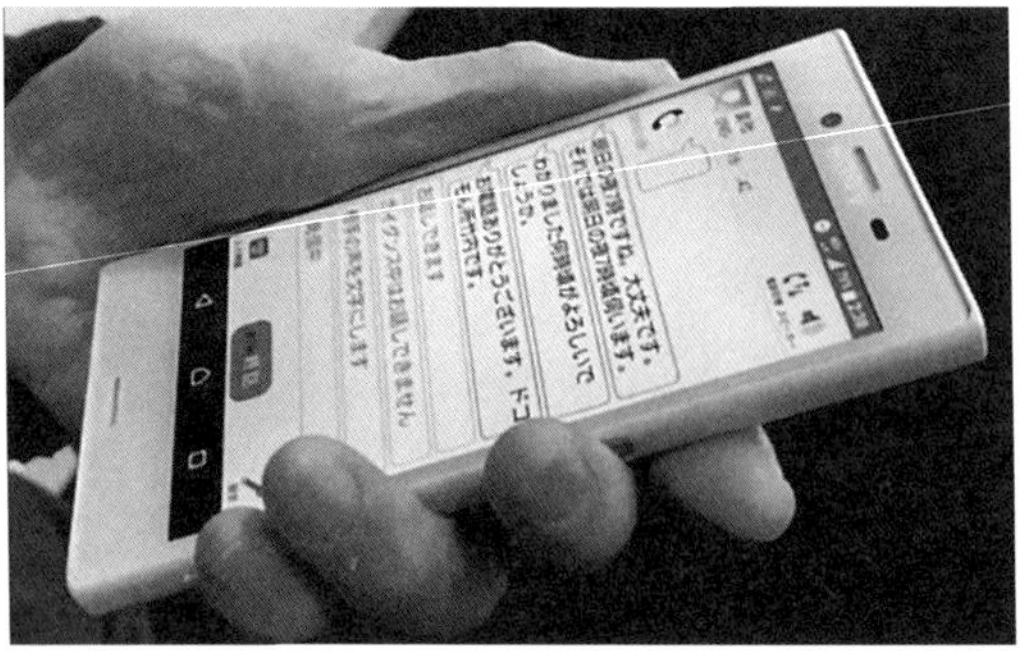

2 目の機能を補う道具

●視覚障害を補う電子メガネ

眼鏡の中にスピーカーとカメラが入っていて、読書、顔の認識、物の識別ができます。指を指すと、指した物が何かを言ってくれます。色が知りたいときは、そこを押さえます。

スマホでも読み上げ機能はありますが、まず手元にないと対応できません。そしてポケットから出して、画面を出して……といくつも動作が

◀22秒の動画がごらんになれます

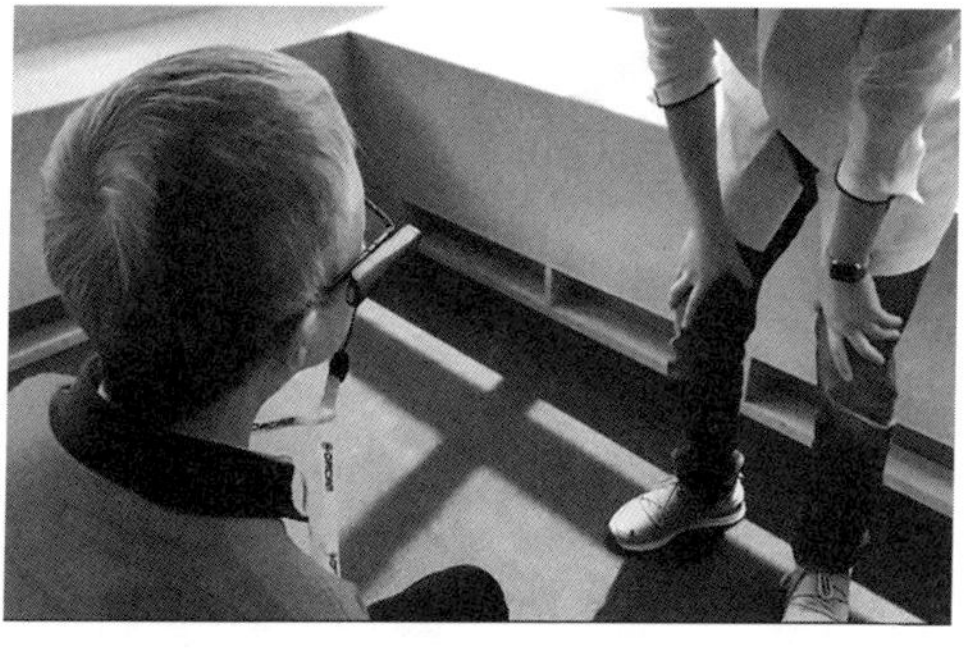

必要です。これは眼鏡ですから、すぐ対応できます。

＊取材協力　オーカムテクノロジーズ株式会社

お金を認識するアプリ

ｉＯＳ（ｉＰｈｏｎｅなど）のカメラに、紙幣をかざすと金額を教えてくれるアプリです。暗がりでお札の区別がつかない、というシニアに便利です。スマホにかざすだけで、千円札なのか、壱万円札なのかすぐに分かります。波打っていても、しわしわでも、正確に教えてくれます。このアプリは有料です。

＊iPhoneアプリ「Cash Reader」など

3 物忘れ、記憶力の衰えに

物忘れは「検索」すればいいだけ

「物の名前がなかなか出てこなくなって、私もついにボケたか！」と思っている方もあると思います。そんなときは、インターネットで検索すればいいのです。

考えてみますと、今は情報が膨大で、とても名前を覚え切れるものではないですよね。食品を例にとってみても、昔はなかった世界中の食材がスーパーに並んでいるのです。

人間の脳のキャパシティーは昔から変わっていないとすれば、老若男女問わず、「物忘れなんて当たり前！」と割り切ってしまいましょう。

例 思い出せない単語に関連する言葉をいくつか入力すると、該当する単語がヒットします。

「野菜　キュウリみたい　イタリア」

⬇ ズッキーニ

カレンダー・アプリでスケジュールの管理

毎週のことなら忘れないのですが、予定が変更になったり、突発的に新たに予定が入ってきたりすると、抜けてしまうことがあります。

そんなときは、カレンダー・アプリを利用するといいと思います。

パソコンとスマホと両方使っている方は、両者を同期化すると、どちらでも入力したり、確認したりできるので、とっても便利です。

さらにAIスピーカーがあれば、「今日の予定は○○です」と教えてくれます。

◉顔認識のアプリがあれば……

道端でバッタリ人に会ったとき、「あっ」と思っても名前が思い出せない。そんなことはよくありますよね。私も人の顔を覚えるのが苦手です。ですから、「あの人は○○さん」と教えてもらえる機械があったら、どんなに重宝するかと思っています。そのようなサービスも、近い将来、出てきそうです。

「あの人は誰?」 その人に視線を向けただけで、HoloLens(ホロレンズ)を通してその人の顔を認識し、名前や役職、顔写真を自動的にAR表示してくれるでしょう。ARとは、コンピューターが現状の写真・動画などに仮想の情報を付け加えるなどして、現実を、より便利に、より強く、深く感じさせてくれる技術です。例としては「ポケモンGO」。

4 体が思うように動かなくなったり、寝たきりになったら

◉移動用ロボットでらくらく移動

従来の車椅子は、乗り降りのために、介助が必要な場合が多いですが、このロボットは、後ろ乗りで、座面の高さも上下できるため、乗り降りがしやすく、操作も簡単でした。買い物のときも、椅子の高さをボタンで調整できますので、棚の上の商品も、低い所にある商品も取ることができます。回転もスムーズでした。

＊取材協力　株式会社テムザック

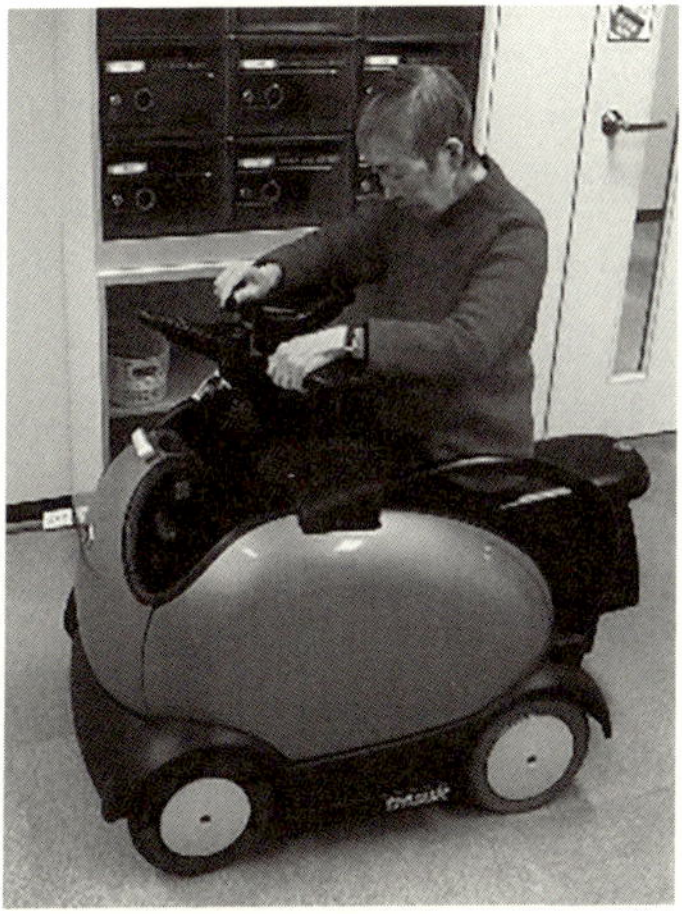

▲26秒の動画がごらんになれます

●AIスピーカーは自立シニアの味方

実際にわが家の家電を、AIスピーカーで操作できるように設定してみました。

AIスピーカーに話しかけるだけで、エアコンの運転開始、温度の設定ができます。リビングの電気のオンオフ、お掃除ロボットの操作もできます。操作手順の学習はほぼ不要です。

また、質問に対する回答や、さまざまな情報、娯楽の提供を受けることができます。

*取材協力　グーグル株式会社

◀53秒の動画がごらんになれます

このように、デジタル技術によっていろいろな機能の補完ができれば、シニアの社会参加は格段に進むはずです。

先端技術を自分のために活用するのも人間力だと思っています。

おわりに

いかがでしたでしょうか。少しはお役に立ったということでしたら幸いです。

しかし、ＩＴの世界は日進月歩どころか「秒進分歩」の世界です。

ここに書かれていることの多くは近い将来「ご賞味期限切れ」になるかもしれません。

ただ、基本的な部分、すなわち、未来永劫続く進歩と変化、論理思考や、安全性と利便性の関係などは、変わらないと思います。細部にとらわれず、その基本的な部分と、ＩＴ時代を生きるための「哲学」だけでも酌《く》み取っていただけましたら幸いです。

なお、終わりに当たりまして、主として「実践面」についてご協力くださった三好みどりさんに、心より御礼申し上げます。

また、細かいことから重要なことまで、いろいろ教えてくださったたくさんの皆様に厚く御礼申し上げます。

思えば、私は、幸いなことに、お友達、周囲の方々にとても恵まれておりまして、そういう方々のおかげで今日の自分があるのだな、とつくづく思います。

そういう皆様のためにも、元気なうちはＩＣＴエバンジェリストとしてのミッションを全うしていきたいと思います。

なお、この本を書きました目的は、デジタル世界のことを、アナログ人間の方にも分かっていただくことにありますので、不完全な説明、偏った解説になっている部分も少なからずあると思います。お許しください。

我が学び　終わることなく　九月尽く

宇宙人

〈著者プロフィール〉

若宮　正子（わかみや まさこ）

昭和10年、東京都生まれ。

東京教育大学附属高等学校（現・筑波大学附属高等学校）卒業後、三菱銀行（現・三菱UFJ銀行）に入社。定年をきっかけにパソコンを購入し、楽しさにのめり込む。シニアにパソコンを教えているうちに、エクセルと手芸を融合した「エクセルアート」を思いつく。その後もiPhoneアプリの開発をはじめ、デジタルクリエーター、ICTエバンジェリストとして世界で活躍する。

シニア向けサイト「メロウ倶楽部」副会長。NPO法人ブロードバンドスクール協会理事。熱中小学校教諭。

〈協力〉　三好みどり
　　　　近藤則子
　　　　廉屋友美乃

〈装幀・デザイン・DTP・イラスト〉

ユニバーサル・パブリシング株式会社

老いてこそデジタルを。

令和1年(2019)12月4日　第1刷発行
令和5年(2023)3月23日　第7刷発行

著　者　若宮　正子

発行所　株式会社　1万年堂出版
〒101-0052　東京都千代田区神田小川町2-4-20-5F
電話　03-3518-2126
FAX　03-3518-2127
https://www.10000nen.com/

印刷所　萩原印刷株式会社

ISBN978-4-86626-053-2 C0076